U0577740

极简至上，做领导的极简主义

极简领导力

风 宁◎著

经济管理出版社
ECONOMY & MANAGEMENT PUBLISHING HOUSE

图书在版编目（CIP）数据

极简领导力 / 风宁著 . —北京：经济管理出版社，2020.1

ISBN 978-7-5096-7010-1

Ⅰ.①极… Ⅱ.①风… Ⅲ.①企业领导学 Ⅳ.① F272.91

中国版本图书馆 CIP 数据核字（2020）第 022023 号

组稿编辑：乔倩颖

责任编辑：张 艳 乔倩颖

责任印制：黄章平

责任校对：陈晓霞

出版发行：经济管理出版社

（北京市海淀区北蜂窝 8 号中雅大厦 A 座 11 层 100038）

网 址：www.E-mp.com.cn

电 话：（010）51915602

印 刷：北京晨旭印刷厂

经 销：新华书店

开 本：700mm×1000mm/16

印 张：11

字 数：153 千字

版 次：2020 年 3 月第 1 版 2020 年 3 月第 1 次印刷

书 号：ISBN 978-7-5096-7010-1

定 价：49.00 元

作为前进中的企业，其管理不能太过复杂，否则就会束缚手脚。企业只有拥有极简领导力，才能走向高效发展之路，这种创新会帮助企业主投入最小的精力换取最大的收获。

小米集团之所以快速崛起，正因为雷军采用了极简的管理办法。实际上，雷军并没有过度"管理"，而是用更多的时间寻找精英人才。只有人才够极致，才能使用户更满意，最终推动企业快速发展。小米集团曾经招聘谷歌、微软等公司的一流员工，而这些员工的存在使小米集团获得了高速成长。

在小米集团，只有三个管理层级，即合伙人、部门领导和基础员工，这种扁平化的层级表现代表了大部分互联网公司的发展方向——管理层级越少，企业管理起来越简单，效率也就越高。这种扁平化组织还使管理摆脱了结构的桎梏，领导者的意见可以直接传达给员工，避免信息传输中途的耗散。

小米集团同时规定，一旦团队臃肿，人数达到一定规模就必须拆分成小组，转变为项目制独立运作。

所谓的扁平化管理是相对于"等级式"管理结构的管理模式。扁平化管理可以解决"等级式"管理的一些问题，例如层次重复、机构组织运转的效率不高等诸多问题，可以加快相关信息流的速度，提高相关决策的效率。

扁平化管理之所以能够在世界范围内广泛应用，首先是形成普遍趋势的分权管理。在类似金字塔型的结构中，集权管理体制更为重要。由于在分权管理的制约下，层级之间的相互连接相对减少，为了各基层组织可以更加有效地运作，企业就需通过扁平化的管理方式来适应市场的快速变化。

其次是现代技术的逐步发展，尤其是相关计算机系统的产生，使得传统管理没有了效果。异常复杂的人际交往关系和巨大的信息量在强大的计算机信息处理能力下不再是难题。

我们平时在进行产品销售时，一般是采用多个层次的渠道，由于层次多、环节多，渠道上相关的经销商数量也是层级递进的，这也就是我们所提到的金字塔型的结构组织。如今，使用扁平化的管理能够优化渠道，增强渠道的短宽化和直营化。

因为层级过少，员工就不会花很多心思去追求晋升，也减少了很多复杂的事，这样一来，就能够更加专注于工作。

小米集团凝聚人心的方式是价值观，采用极为简单的一些管理方式来激活员工，每个人团结起来，拧成一股绳，越是简单的管理才越需要把事做到一种极致，企业才能摒弃旧的思维，迎来新的思维，从而将所有事做到更好，企业的更新迭代也更快。

想要更加快速地适应市场变化，作为领导者就必须要对管理模式进行不断的创新，利用极简的领导力，让人人都能够成为价值的创造者。

与小米集团相似，华为的任正非之前曾在会议上强调需要进行管理简化，并紧紧围绕着"秩序、简化、认真、严格"这八字方针开展了一次有关管理相关体系建设的讨论，而这次讨论也更让华为确定了之后几年需要在管理上改变的总的思维。

思考总结如下：

（1）对复杂的源头进行适当的简化。①根据客户相关的需求，随时调整，进行有关战略的聚焦。②产品的数目和品类要简单些，能够减少非高端客户的需求。③按照合同类别进行不同的管理。

（2）改变预算产生机制。①管理体系最大的要素是资源配置权——

"预算"。要将"计划、预算、核算"三个机制及其围绕哪些对象梳理清楚，改变以功能组织运作为中心的方式。②引入 PPB：计划（Plan）、项目（Program）、预算（Budget）。首先明确目标和战略规划是什么，其次明确支撑目标的项目是什么，最后确定项目需要多少资金。

（3）向一线授权。①前方是项目经营。"放松战斗的决定权、管理战果的处置权。"②中间是有效率的平台。③后方是清晰的决策及监控中心：确保前方活动过程清晰透明，按业务规则进行。

的确，管理一开始是简单的，随着公司规模扩大，管理人数增多，管理逐渐变得复杂。领导者肩负诸多任务，除了通过制度实现计划、组织、管理等，还需要明确方向、创造愿景、激励员工，从而实现企业愿景。这时，管理就需要遵循简单到复杂再到简单的流程，最终回归极简。

目 录

第七章　极简人才培养

第八章　极简沟通协作

第一章

领导力是极简主义

让听得见炮火的人决策

如今，企业制度日趋完善丰富，但面对工作中庞杂的制度条例，员工仍然常常无所适从。领导者总是马不停蹄地忙于各项事务，但他们不一定清楚自己每项工作的目的；他们使用多项指标考核员工，但对于衡量出的结果，仍然觉得不尽如人意。

的确，在现代企业制度下，不少企业管理日益走向科学化、简单化，却仍然有不少企业组织机构设置过于庞大复杂，规章制度制定得太过烦琐，流于形式，决策过于追求系统化而成为沙上建塔，使得企业管理效率极低，制约着自身发展。

如果领导者不能使员工对愿景和制度理解一致，复杂的科层式结构将会使人才优势大打折扣。

企业很容易患上复杂管理综合征，为了管理而管理、为了考核而考核的现象不在少数，"是否能真正为公司创造价值"被不少领导者抛诸脑后。

管理越来越复杂的原因多半来自以下这些方面：

1. 为了控制风险，用具体条文约束

在企业规模较小的时候，领导者直接接触每一名员工，拥有比较高的权威性，他们对决策直接负责，管理较为扁平化，这时企业发展的速度也比较快。

随着企业规模越来越大，人员有所增多，管理渐渐变得复杂起来。由于领导时间有限，不能照顾到每一名员工，这样，领导们也会产生强烈的不安，他们必须用一些制约条例对员工进行制约，防止不必要的风险。

2. 通过制定规章制度规避责任

一些领导们经常在公司存在风险问题时以"照章办事"为借口，相互推卸责任，好像制度是一切，根据制度规定做事，就能够推卸责任。

3. 中国特殊人情关系的作用

现在仍然有一部分企业排除异己，任人唯亲，有着强烈的"家族意识"。其中不仅亲人、好友等被公司接纳，给管理带来了很多不可忽视的问题，而且就算这些亲近的人在公司犯下了什么错误，领导们也会对他们所犯下的错误视而不见，这样的人长期留在公司必然会带来一些不好的后果。

事实上，同样的问题华为技术有限公司（以下简称华为）也遇到过。任正非说过，越是从基层上来的人，眼睛越是想要盯着下面，这样会让流程越来越复杂，人如果总是盯着一处，眼光也会越来越狭窄，会轻易形成一道坚不可摧的墙。

很少有人会站在全局角度来看整体流程。"当领导者让他眼睛向上看时，他就认为被剥夺了一些权力，被架空了，找不到做思想家战略家的感觉。"任正非说。

他认为，华为过去理解客户需求不够全面，在收集客户需求时，没有归纳总结、分析提高，而是眉毛胡子一把抓。这就要学习毛泽东"去粗取精、去伪存真、由此及彼、由表及里"的思考方式。

大多数公司会有相似的问题：当销售了解到客户的需求时，着急做事，这样很有可能让公司在战略方面出问题。产出几百万美元甚至几千万美元的项目，大的规模做不起来，管理体系却变得复杂起来，增加需求就会增加纵横的交叉点，如果增加的交叉点较多，事情就更复杂了。

如何才能做好管理呢？任正非认为公司不是万能的，在客户需求中，只能选取有价值的一部分去做。

因此，华为逐渐从复杂的源头入手来简化管理：

（1）简化产品品种数量，简化解决方案的场景，减少低端客户的定制需求，否则未来运作会越来越复杂。

（2）业务处理的复杂性绝不能是随规模线性增长，甚至是非线性增长，管理成本不再以"可变成本驱动"，而应当是"固定成本驱动"，这样才会有规模经济，公司管理平台应该主要是"固定成本驱动"，不随规模线性增长。

华为提出放弃"中央集权"，及时放权，把指挥权交给一线，监控机制跟上，缩小作战单位，让前方听得见炮火的人指挥战争，而总部将变成听到呼吁后进行资源配置的平台，"班长的战争"成为华为组织变革的特点。

的确，要想快速适应市场变化，领导者必须革新管理方式，即简化领导力，让每个人都成为价值创造者。

在黄山国际人力资源论坛上，美国欧西泰纳公司副总裁、高级人力资源专家克拉克·坎贝尔讲了一堂题为"一页纸项目经理"的课。他讲到，管理应该在一页纸之中完成，越简单的管理越容易执行，越容易执行越有效，越有效越完美，在企业管理中，简单应该是未来科学管理的范式。

在传统管理中，董事长和总裁的指令需要通过管理层级传达到最终的执行者，而基层发现机会或危机都要层层申报筛选，最后汇报给最高决策者。

IBM 最多时有几十万名员工，相关的公司管理层级就有 18 层，像这样层级森严的架构，上面的人不能越级进行指挥，而下面的人也不能越级进行汇报。如此，一项决策经过 18 个管理层级在最后传达到执行人时，不仅会让决策在传递过程中造成信息失真，还会导致公司丧失良机。

管理必须落实到实践，再高深莫测的理论也需要接地气，因此，有效的管理应当更简洁。

管理落实到执行环节应是简单明确的，比如在 1929 年古田会议时，红军曾提出三大任务：打仗、做群众工作和筹款。那么，针对这三大任务，领导者就需要教会大家怎么用枪、怎么去做群众工作和怎么筹款。简洁的目标有了，路径有了，管理就能变得简单。

管理当然不是越复杂越好，复杂的管理会让企业发展束缚手脚。而极简管理才是思维革新，用最小的资源实现最大的管理目的，最终把共同要做的事情做好。

实际上，作为领导者，管理最初就是简单的，随着公司规模扩大，管理人数增多，管理逐渐变得复杂，这时，管理就需要遵循"简单—复杂—再简单"的流程，最终回归至简。

以前，制造一台计算机需要使用很多东西，比如需要 18000 个电子管、1500 个极电器。计算机的体积有 90 立方米，占地约有 170 平方米，耗电量有 1400000 千瓦时，完全是个巨大的复杂的物体。随着科技发展，计算机要进入每一家，这时候计算机的体积就需要缩小到一定程度，操作更加简易。如今，一个包就可以装得下一台笔记本电脑。

对于傻瓜相机，我们也并不陌生，机器笨重，操作复杂，而且需要胶卷洗印相片。由于不能即时看到拍摄出来的状态，所以每拍几张照片，就总有一张是废的。可时至今日，拍照不必再如此复杂，每个人都可以随时随地用手机照相，高清的像素和美颜功能足以拍出令人满意的照片。

任何事物都是从简单到复杂，再从复杂到简单，企业发展也是一样，领导者必须从复杂的管理中找出规律，找到本质的关键要素，以目标和效率为出发点，不断简化自己的管理。

现在，极简主义已经在许多跨国公司中流行，比如飞利浦公司用了近10 年的口号是"Let's make things better"（让事情变得更好），而它却用了一天时间，让全球 12 万名员工停工，讨论"简单与我"的话题。要知道，飞利浦公司停工一天所造成的机会成本高达 1 亿美元。但飞利浦正是要借此告诉员工，简单的才是最好的，为此，还将公司口号换成了"Sense and simplicity"（精于心，简于形）。之后，飞利浦在全球举办了多场盛会，都将简单作为主题，并以新口号为导向，推出极简设计。除了设计简单，飞利浦也在用实践表明它对组织和沟通的简化。

麦当劳开设了千万家连锁店，但每一家都保持着标准化的口感、良好的服务品质。它之所以能成为标杆式管理企业，与它产品简单——只做快餐且选品较少有关。相似地，麦当劳采用简化菜品的方法去提高运营效率，也获得了许多好评。

企业需要在更加成熟的质量管理秩序基础上，利用科学，把一些在管理之外的其他因素排除掉，变得更加简单，再把简单的东西变得更加具有条理性，对环境进行简化管理，对工作的流程进行优化，提高效率，这是真正的极简领导力，而企业的发展趋势依然变成了极简的规划和管理。

近些年来，通用汽车就采用十分标准化的技术进行有关操作，简化信息技术程序，对信息技术团队进行优化，之前巨大的通用巨人变成现在能够更快进行制动的机器，这也说明，企业的决策要想准确无误地传递，就需要采用极简的管理方式。

《资治通鉴》第二百一十二卷唐纪二十八中有这样一个案例：蒲州刺史陆象先政尚宽简，吏民有罪，多晓谕遣之。州录事言于象先曰："明公不施棰挞，何以示威！"象先曰："人情不远，此属岂不解吾言邪！必欲棰挞以示威，当从汝始！"录事惭而退。象先尝谓人曰："天下本无事，但庸人扰之耳。苟清其源，何忧不治！"（译文：蒲州刺史陆象先为政崇尚宽厚简约，属下官吏百姓有罪，多当面用好言劝诫，然后让他们离开。蒲州录事对陆象先说："明公不用刑杖，怎么能显示威风呢！"陆象先回答说："人心都是相通的，难道这些人不理解我的话吗！如果你一定要我用刑杖来显示威风，那就应当从你开始！"录事十分惭愧，赶忙退出。陆象先曾对人说："天下本无事，庸人自扰之。为政若能正本清源，何忧天下不治！"）

不少领导者认为管理规定得越详细越好，处罚越严格越好。实际上，释小错诛大过才是手腕。例如禁止手下人贪污受贿并不是好的治理，好的治理应该是改善社会的风气，这才是治理的根源。

极简主义是"Less is more"，Less是实现目标的手段。在企业管理中，极简领导力是为了实现更大的企业价值而采取的手段，而不是为了极简而极简——这是一种舍本逐末的表现。

极简主义不是简单思维，它被用来纯粹地还原最基本的东西，找出符合自身发展的领导方式，而非只是删减。它是以精细化管理为前提的管理方式，能帮助企业在市场竞争中立于不败之地。

极简的管理也是艺术，领导要提高企业活动的效率，在执行中速战速决，在复杂的线索里找寻最快能够达到目的地的路途。领导力只有不断创新变革，才能跟上时代发展，提高企业可持续发展的能力。

从被管学管理

段永平是步步高商业连锁股份有限公司（以下简称步步高）的创始人，他曾经和万通董事局主席冯仑一起聊天，一次，段永平讲到，有一些公司的领导会经常抱怨公司没有人才，但是发现他们并没有时间与猎头公司或者潜在的一些人才见面，忙是忙，也确实没有人才，这个问题怎么解决呢？

段永平开始也采用了这样的管理方式，但是后来他常常抽出时间跟一些猎头公司的人保持一定的联系，没想到联系时间长了以后，优秀的人才自然而然地也就来了。管理好自己的时间，时间多了，把时间花费在找人上，好的人才就会来到公司。

冯仑举了一个事例：当客户在投诉的时候，会出现一些需要紧急处理的事情，但如果只能由老板做主，员工无权解决问题，就会导致员工没有成就感。其实，作为一个领导，如果员工能自己解决问题，可以让员工自己去处理。领导应该把精力放在更重要的事情上，把时间花费在管理公司及完善公司制度上，一些不要紧或者不是很重要的事就可以让员工去处理。

领导若根本不清楚管理的含义，容易在管理是管自己还是管别人上犯错。如果一个人身上有一个头衔，那么出了问题，他就会埋怨别人，不反思自己的问题，让其他人承担责任。

事实上，团队的所有行为导向多少都会受到领导的影响，领导负责团队的组织结构、细小的细节和最终的目标，所以出了任何问题领导其实应该负最大的责任。

一个新人在麦当劳再工作一年多就能够转为餐馆的经理，两年内就可以成为监督管理员，最终可以升为地区的顾问。麦当劳可以让新人不断地适应不同岗位，不断地成长。让新人逐渐能够担当重任，在每一个岗位上都有所收获。其实从被领导者走到领导者岗位的大多数人并没有经过专业的培训，如果只能从书本上获得知识，在真正实践的时候就会有很多漏洞，这是不专业的。

所以，从被领导者到领导者，企业更需要有一套自己的管理模式，模式必须是十分标准、规范的。它需要一种平台管理，新人只要按照有关规定去做，就可以不断成长。作为一个领导者，都知道人是企业中最重要的，领导者都会称他们在人力方面实行了有效的管理运用。人事管理有新的方式方法，但是效果却并不是很好，归结原因，企业的领导者其实是在指挥员工，并不是在激励员工。员工有时候也能觉察到领导缺乏诚意，致使员工在工作上缺少积极性，从而导致员工效率低下，不利于公司的长期发展。

领导者和被领导者都属于一个组织，具有组织成员的资格，因此，想要员工对组织认同，领导先要认同这个组织，在轻松的环境下保持放松的心情，发挥积极主动的作用。

就算升职当了领导，抱怨也是不可避免的。抱怨是一种负面情绪，领导者的基本态度可以影响员工的情绪状态，从而影响整个公司的效率。领导者更需要调整好自己的情绪，不干扰别人的想法，不强加自己的想法给别人。面对重要的工作，放手让员工去做，领导不需要直接干预，这样领导既不会过于忙碌，也能够锻炼员工的能力。

随着现代化企业的逐渐发展，市场飞速变化，企业应该随之不断改变，并在市场中进行快速调整，不时做出反应。因此，领导的权威也会根据信息的不对称性变得不存在。

被领导者要学会从他人的角度考虑问题，如果在制度森严的环境下被很严格的领导所管控，难免会产生一些相对逆反的心理，当权威瓦解后，员工一方面会希望领导起一个模范的作用，做出一个榜样来，但是另一方面又希望获得更大的自由权，依据自己的目标驱动实现自我管理。这样一来，员工便会自愿参与到个人发展与企业成长的过程中，在企业发展中做出更大的贡献。同样，对于管理来讲，领导者应该适度管理，过度管理会丧失员工的积极性，也会带给员工更沉重的压力，所以领导者必须远离过度管理。

对于企业来说，最致命的打击无疑是领导说什么员工只会说"是"，不能提出有效的建议，失去了独立思考的能力。

管理是什么？管理其实就是领导者要明确自己站在一个怎样的位置上，用踏实的工作态度以身作则，给员工一个好的示范，有些不太重要的事要给予员工更大的自由，放开手，让他们自己成长。

管理越严，领导力就越强吗

领导者有什么性格？在我们的传统观念里，会认为领导者就是性格强势的人。性格强势的人说一不二，也不会犹豫不决，这样的人更适合做一个领导者，也容易成为一个更加优秀的领导。马基亚维利曾经在《君主论》一书中写到，一个君主应该具有双重性格——狮子一样的凶猛和狐狸一般的狡猾，而聪明的君主则知道什么时候当狮子，什么时候当狐狸。

人们在中世纪初，就认为强势的如狮子一样的性格就象征着优秀的领导力，认为只有这样的个性才能成就一个好的领导者。工业革命后，领导者为了使劳动者用最高的效率工作，性格必须强势起来，具有权威性。

工业时代，工资常常用计件方式支付，时代背景下涌现出众多强势领导者。因为这些领导者不断地推动，曾出现过一个纪录，就是人们10秒钟可以生产一辆汽车，一天可以生产9000辆T型车，商业王国形成的基础就是对企业和员工的控制。而被许多领导者写入规章的还有"等级制度森严""统一领导和指挥"等字眼。当时，人们一致认为一个不合格的领导者一定是懦弱的。

但是强势就真的可以一切顺利吗？其实早就出现过领导者强势带来的问题，如美联航强拖乘客的事件。但是在舆论声讨中，美联航公司CEO奥斯卡·穆诺兹还是采用专断清高的态度对待自己的错误。这样的固执态度，这样的强势领导力，反而会让矛盾不断升级，会让事态更加严重，甚至到不可挽回的地步。而恰恰是太过于强势和固执，也让他失去了许多，第二年的美联航董事长就不是由他担任了。所以，强势的领导力也不是完全带来正面的影响，也会有负面的影响存在，比如巨额赔偿、声誉名誉的损失、股价的暴跌等。这些负面的影响反而会压过正面影响。

所以，想要成为一名合格而优秀的领导者，不能总是觉得拥有权力就拥有一切，也不能过于傲气。权力的来源是需要去了解、认知的，要减少一些严苛的管理方法，建立正确的领导力需要更加合适的方法。

现如今，企业不断发展，领导者必须拥有四个基本的素质：忍耐力、驱动力、适应力和聪明才智。合格的领导者要学会适当示弱、保持谦逊的作风和拥有持续不断的学习能力。

时代不断变化，技术不断发展，领导者们如果还只是强硬地固执于传统的市场、传统的技术、传统的想法，必然会被时代淘汰。所以，他们必须与员工一起学习，一起奋进，一起努力让公司茁壮成长。

领导者也需要别人的协助，所以不能太过于强势。如果只是单纯的强势，员工并不认同，就达不到部门的业绩指标和目标；如果公司的工作环境良好，领导亲和，员工就会自然而然地贴近，跟随领导更好地完成任务。如果过于强势，也许开始的强势会让员工因害怕而去做事，但是之后整个公司的氛围就会变得很紧张，从而员工和领导者的关系就会恶劣，领导者在员工心目中的地位便会下降，不利于整个公司的发展。

强制领导力不是必需的，事实上，领导者可以更加温和，但是也不要温和过度，对事情要有自己的判断，什么时候该严格，什么时候该宽松，这样的方式实行起来才会让大家都满意，员工也会更加有积极性。例如日常领导者保持亲和力在员工遇到问题时耐心指导员工去完成任务，同时也要给予他更多的空间去成长。其实对于大部分高智力的员工来说，领导者的态度十分重要。如果环境过于严苛，领导过于强势，会让他们失去对工作的兴趣，失去积极性。

领导者更重要的任务是把控大的方向，明确员工的期望，提供必要资源。强势的管理不一定会出现强势的员工，领导和员工之间的关系也会产生缝隙，这是有关信任的问题。管理的多少取决于公司的实际情况，不能够为严而严，过多的管理反而会使员工厌烦，制度管理越多，公司也会出现更多的问题。

在一项调查报告中，诺贝尔奖获得者美籍华人杨振宁认为，一些美国的科研新成果有许多是由早期比较调皮但有创造力的学生发明出来的，而中国早期听话且学习好的学生却很难有作为。

美国斯坦福大学管理学教授史考特曾经表示，管理方式有两套，即理性的管理方式和自然系统的管理方式。理性的管理方式就是严格的管理方式。而管理恰恰就要做到奖惩严格，更好地执行流程管理。自然系统的管理方式是自上而下地给予权力，团队能够通过协商沟通明确目标，一同为实现愿景而努力。

在管理中，两者缺一不可，但是，在国内不少企业只奉行理性管理的情况下，自然系统需要被提上日程。

台湾中央大学前校长刘全生曾提到：著名的雅虎公司和惠普公司最早都是由两名大学生在斯坦福大学创立的，他们并不是死记硬背一些知识，而是把学生时代的知识和理论与实践相互结合。

马里兰大学就有非常好的学习环境，更有创新的环境。学校会成立专门的创新班，一半是商学院的学生，另一半是工学院的学生，他们会住在同一个宿舍，学校也会每周请一位创业有成的企业家给学生们传授创业的经验。

此外，每个学期学生会还会要求学生自己写商业计划书，然后参加比赛，让同学们从中了解到企业怎么创业、产品如何发展等。在学校参加竞赛的同学，如果成绩非常好，就能够拿到价值不菲的奖金。这样做，可以使一些优秀的学生在校期间凭借创业设计拿到投资，也赚到了很多钱。微软和谷歌就是采用了这样的模式，所以，创造在管理中起到很重要的作用，只有激发了员工的创造力，企业才能够持续不断地发展。

给予自由的管理方式就是宽松式管理，领导者应该让员工根据自己的实际情况工作，期间的形成效果和目标是不能够变化的。

宽松式管理并非不管理，而是张弛有度的、适当的管理。在经济学中，市场经济与政府管理之间的关系就是：最好的管理就是最少的干预。

如果企业里的员工毫无主见和想法，领导说什么就去做什么，是不能够给企业带来推动作用的。

塑造极简领导力的自然要求就是宽松性，恩格斯曾提出："自由是对必然的认识。"

每个人都是不同的，领导者需要不断引导，发挥每个人的个性，调动其对于工作的兴趣。管理不需要太过严肃，过于限制会适得其反。

现如今，指挥似乎渐渐代替了管理。但其实管理并不代表领导者，个人的能力也不是团队能力。

要想拥有更强更完美的团队，领导者需要做以下这些工作：

1. 明确目标，凝聚团魂

团队的凝聚力、战斗力是团队打胜仗的基础，在了解员工现状的基础上，领导者应当充分发挥每个人的能力和优势，为他们提供平台和资源，千万不要随意指手画脚。

2. 细化目标分配工作

让每个人在自己的岗位上顺利完成工作，需要领导者能够正确认识每个人，洞察他们的行为方式，使之更好地协同和配合。

3. 制定制度

保证团队成员明确其任内该做什么、不该做什么，以及如何进行工作，形成潜移默化的习惯，方便管理和推行工作。

4. 激励

将激励措施公开，员工做得好，严格按照制度给予奖励。用一定的利益驱动，能够让成员更加愉悦地工作，而作为领导者，更要主动为员工争取一些好处。

宽松管理鼓励当前目标之外的自主活动，能够使领导者获得多方面有潜力的人才，是组织创新适应新环境的重要方法。

管理虽有一定规则，但领导者也需要具备亲和力，才能让员工从心里认同和尊重自己。中国一批国有企业的高层领导曾来到哈佛商学院接受为期三个月的培训，在一堂"管理与企业未来"的课上，教授采用了哈佛著名的案例教学法，他们拿到了一份具有测试性质的案例：

教授告诉大家，根据下面三家公司的管理现状，判断它们的前途：

公司 A：8 点钟上班，实行打卡制。迟到或早退一分钟扣 50 元；统一着装，必须佩戴胸卡；每年有组织地搞一次旅游、两次聚会、三次联欢、四次体育比赛，每个员工每年要提四项合理化建议。

公司 B：9 点钟上班，但不考勤。每人一个办公室，每个办公室可以根据个人的爱好进行布置；走廊的白墙上，信手涂鸦不会有人制止；饮料和水果免费敞开供应；上班时间可以理发、游泳。

公司 C：想什么时候来就什么时候来；没有专门的制服，爱穿什么就穿什么，把自家的狗和孩子带到办公室也可以；上班时间去度假也不扣工资。

最终有 96% 的人认为第一家公司会有更好的前景，然而这三家公司的真实名称分别是：

A 公司是广东金正电子有限公司，成立于 1997 年，是高科技企业，但是因为管理不善，2005 年就申请破产了，生存期为 9 年。

B 公司是微软公司，1975 年创立，股票市值高达千亿美元，现在是全球最大的软件公司，也是美国最有价值的企业。

C 公司是谷歌公司，它是唯一一家能够从微软公司挖走人才的公司。

讲完这个案例之后，学员们才发现，讲义的第一章的内容就是"自由是智慧之源"。

讲义中有这么一段话：在知识经济时代，财富不过是在自由价值观普及的社会里，无数个人自由活动的副产品。在个人自由得到最大保障的社会，民众的智慧空前活跃，创新的东西也会被不断推出，财富作为副产品就会像火山爆发般喷涌出来。管理则没有这种功能。管理可以聚拢现有的智慧和力量，可以创造一时的强盛，但会使智慧之源枯竭，为土崩瓦解埋下伏笔，而且无一例外地都导向衰亡。只注重于科技与财富的繁花，却忽略了它们赖以生长的自由土壤，甚至鄙视仇视自由，这是其他文化模仿西方文化时屡犯屡败的通病。

专注于第一重要的事

这个时代最缺少的是什么？是专注力。根据盖洛普民调，在中国对工作非常专注的人只有不到 10%，在美国对工作投入和专注的人不到 30%。然而专注力非常重要，它可能会造成很严重的经济损失。美国加州大学欧文分校的教授研究发现，在日常工作中，企业的职员平均每 3 分 5 秒就会被打断一次，再重新恢复状态则至少要将近半个小时。

德鲁克在《卓有成效的管理者》中提到领导者的六种思维：①掌握自己的时间；②明确自己能贡献什么；③发挥人的长处；④要事优先；⑤决策的要素；⑥有效的决策。这六种思维都和专注力有着莫大的关系。

哈佛大学"最受欢迎导师"泰勒·本·沙哈尔博士也曾说过，没有人天生就是领导，卓越领导者所具有的最重要的两大特质是：第一，持续专注于自我优势；第二，找到能够发挥优势的最佳环境。在卓越领导者的 SHARP 模型中，存在着优势（Strengths）、健康（Health）、专注（Absorption）、关系（Relationships）、目的或意义（Purpose）五大要素。其中，专注力是至关重要的一大要素。

领导者应该学会挑选事情做，事件的重要性不同，关注度应该也是不同的，要选择最重要的事情做。领导者不能过多去做不太紧急的事，不然永远都会有事情处理不完。

　　遇到一些紧急和重要的事，领导者也应该有能力判断，有勇气推掉一些紧急的事。也许这样一来，会让公司出现损失，但是领导者不可能面面俱到，应该选择最重要的事去做，抓住重点。如果没有重点，公司也不会在一个领域做到极致。

　　每个人的精力都十分有限，一个人能把一件事情做好已经很不容易，做好一件事，比不专注做好十多件事结果要好得多。

　　当然，作为领导者，也要把复杂的事情简单化，提出几点建议即可。也就是说，领导者需要有长远的战略布局，做出一些自己的判断。

　　领导者需要把控全局，找到关键点。找到"关键20%"——付出20%但能得到80%结果的高性价比环节，这是领导者需要加以重视的部分。同时，要提高工作效率，领导者可以每天列出自己要做的事情，再把做事步骤写下来，这样可以提高工作效率，不会从早到晚没有重点胡乱做事，也可以事半功倍。

　　领导者除了横向关注相近行业的发展趋势外，也要纵向处理过去和未来发展的关系，化繁为简，在复杂的事物中找出重点，找出紧急或重要的事，理清楚头绪。

　　所以，领导者需要具备战略能力，要观全局、明确企业的核心战略、发展方向，在高远目标的驱使下分解不同时段内的任务并找出解决路径。也就是说，制定战略最重要的就是明确主线，从而在实践过程当中清楚地知道，与战略相关的事要积极努力去做，与战略无关的事要果敢放弃，这就是战略驱使下企业领导者的选择维度。

　　优秀的领导者必须要明确自己的工作，明确自己的目标，不能够为自己添加太多事项。

　　北大国发院教授陈春花建议企业领导者要学会有目的地放弃："你需要放弃你过去的经验，放弃核心的竞争力，放弃你自己认为沾沾自喜的东西，放弃你的一些习惯，甚至放弃在公司当中不可撼动的领导者的地位。"

素质也是领导者必备的,最重要的素质就是决断能力。西方思想家说过,只有知道如何停止的人才知道如何加速。有许多时候,领导者都会面临选择,在极为有限的条件下,领导者就要快速决断,先做最重要的事情,把不是很重要的事情放在之后做,无关战略的事情可以直接排除,越是简单越好,有时需要放弃一些东西,这样才能够让企业持续发展。显然,领导者培养人才是最重要的,千万不要把培养人才放在不重要的位置上。

2007 年,宝洁公司 CEO 雷富礼在公司成立 170 周年时,在致全球员工的信中这样描述他的选择:"宝洁公司已经走过了 170 年,在全球 50 强的名单里,只有三家公司能如此历久弥新。我常常思索是什么使得宝洁在如此长的一段时间里保持持续增长。我确信,以下是宝洁成长的重要因素:领导者以目标为驱动,以价值观为指引。领导者的目标是美化每一天的生活。领导者的价值观是正直、信任、领导力、责任感和主人翁精神。宝洁的目标及价值并非独一无二,也不是轰轰烈烈的,但在 170 年的历史里,这些价值观保持着高度的一致,启迪了一代又一代的宝洁人……只要领导者坚守公司的核心目标及价值观,领导者乐于尝试一切改变。"

以价值观为指引的选择也许会让企业失去很多,但它会让企业更加专注,最终为企业发展保驾护航。

为了获得更有效的专注力管理,领导者需要有战略规划能力,而这需要了解公司的愿景,只有具有强大吸引力的愿景,才能够让团队向它靠拢。领导者看不到前方的希望会很焦虑,缺乏应有的安全感。在做事时,他就会产生不安与恐惧,从而影响自己在工作上的创造力。

因此,领导者应当在愿景形成后紧紧盯着它,通过不断梳理当下工作与愿景之间的关系,在路径中扫除一切障碍,这样便能带领团队以更强大的信心去应对可能出现的复杂局面。

当领导者认为自己疲于应付很多事情时,就需要把一周内的事项有条理地写出,并把它归入"任务"和"领导"不同的行为中。"任务"是领导者必须亲自参与并保证完成的工作,"领导"则是需要发挥团队积极主动性、让团队朝着愿景努力地工作。

在分配的工作中,如果领导者发现自己的"任务"太多,而"领导"的工作太少,说明领导者不够专注,没有把精力花在最重要的事情上,在一些不重要的事情上花费了太多的精力。此刻,领导者应当剥离出自己的任务,把任务分给员工去完成。在此过程中,也要不断思考愿景和"领导"的工作任务是否息息相关,判断自己是否为实现这一愿景配置了最优的资源。

领导者会做许多工作,他需要处理各种各样的事情,但是做事时不能够三心二意,他需要有专注力,并且从一件事情转移到另一件事情时,能够化繁为简,迅速排除干扰的选项,做出正确的选择。领导者应该统观全局,而不是只看一些细枝末节,要保持情绪的平稳,看看到底是哪里出了问题。

领导者不一定所有事情都要全部做到,但是,至少正确的事情、对公司或团队有贡献的事情要做到,明确下一步要做什么,要专注于最紧要的事情,无论是在生活还是工作中,必须要抓住重点,才能够比别人做得更好。在管理中,不能一直做加法,也要尝试做减法,把事情做极致就需要先做加法再做减法,不断进行调整,才能发挥企业的优势。

管理就是以终为始

举例来说,如果我和你一起开车出门,我在开车,而你坐在副驾驶,我问你:"目的地在哪里?"你告诉我:"到了你就知道了,现在,你就按照我指挥的去做。"于是,每走一段路程,你都需要提醒我下一步该怎么走,你很辛苦,而我也很辛苦,因为我要竖着耳朵听你的吩咐,否则就会开错路。这使我一直提心吊胆,最后我不得不和你说:"你必须告诉我目的地在哪,否则我真不愿意开了。"

其实,在职场中这样的事情经常发生。领导者需要有一个目标,才能更好地给员工下达任务,员工才能明确你到底需要什么,才能更加高效率地做事。要细化一件事,把一件事的重点讲清楚,让自己和别人都明白,这样做起事来才能够准确快速，行动力也会更强。

领导者不做指引只是让员工盲目做事会引起很多问题。领导者需要告诉员工整体需要达到的目标或完成的任务是什么，具体需要怎么去做，必须知道一个目标，一个大体的方向，然后不断去执行和完成，在过程中进行创新，才会找到更好的方法。

领导者不确立工作目标，只命令员工做事，员工的工作能力会逐渐变弱，失去独立思考的能力，创造力也会缺失，这是非常大的人力资源浪费。在柯维的《高效能人士的七个习惯》一书中讲到，管理者要有以终为始的做事习惯。然而有始有终的做事习惯大部分人是不具备的。他们只会局限于当下，做好当下是可以的，但是对全局掌控不准。领导者需要明确现实目标与当下的距离，规划好路径，然后再去落实执行。

关注每一步的细节，不去关注目标，那么团队很有可能会偏离目标方向，做着一些看似特别重要却没有抓住重点的事情。这样一来，就算完成任务也会发现最后的目标导向是错误的，不能带给公司价值。

如果两个团队没有一个整体性的规划和目标，就算很积极地推进工作进程，也不会有很好的效果。双方的轨道路径都是不一样的，所以目标方向的不同也会带来许多问题，努力做事却达不到最终目的，因此，确立目标十分重要。

在工作中，领导者常常会认为目标导向就是结果导向，所以只顾着去追求结果，而对于过程不甚看重，致使过程中出现各种各样的差错、漏洞，目标出现问题的同时结果也出现了问题，所以，结果很重要，但是目标同样重要，要达到怎样的结果就看确立什么样的目标，在过程中进行不断优化，对过程加强管理，如果只看结果，必然会造成一些可怕的后果和影响。

真正优秀的领导不会只关注结果。只关注结果的领导，虽然能够让过程变得简单，不会过于繁杂，但是也会给员工和公司带来不利的影响，长此以往，员工也会产生厌烦心理，情绪更加压抑，缺乏工作积极性；如果领导不关注问题的根源，只追求结果，也会刺激到员工，使员工认为过程怎么样都可以，只要达到应有的结果就行，会限制员工的创造力和创造激情。如此一来，员工的凝聚力也会逐渐减弱，种种后果都将导致公司的不利发展。

极简领导力最看重的就是目标导向，并非结果导向。目标导向是一种以终为始的管理过程，先确立一个目标，然后确定为了达到这个目标，应该有一个怎样的工作方向。目标确立后，领导者需要将它拆解为一个个小目标，细化目标，然后让员工落实执行。在此期间，领导者要先对自己进行管理，给员工起带头作用，在员工确立目标并执行时，对他们进行鼓励，并且可以参与员工的目标制定。

目标达到后结果也很重要，这样工作结束后也会知道重点在哪里，依据目标和结果导向判断员工的贡献、给公司带来的价值。

能够使企业管理更加轻松的方式就是要正确运用目标管理。成功运用目标管理，也会使整个过程变得简单。有了目标员工就可以明确做事情的方向，激励着员工不断达到最终目的，使员工们一直保持着积极向上的心态，等到新的目标出现，也会更好地去完成它。

有这样的一个例子：

公司盖了新的楼房，楼高56层。但是当员工进入公司后却不断抱怨，说电梯的速度不快，等待时十分焦急，因此，公司便找了咨询公司，寻求解决的方法。

第一家公司检查了电梯的程序，发现运行速度只是有点慢，但没有大碍，所以建议电梯暂时不做任何改进。

第二家公司积极给出方案，向电梯运营方询问电梯速度可不可以再增加一些，最终他们得出的结论是把电梯换掉，但是换电梯需要增加几十万美元的花销，还要花费几个月的时间，高层员工的工作也会受到影响，公司否决了这个方案。

第三家公司仔细调查后，提出了一个简单的方案：在电梯里安装一面镜子。出人意料的是，只是这样简单的一面镜子，就让乘坐电梯的人转移了注意力。他们在电梯缓慢运行时，总喜欢欣赏镜中的自己，到了楼层后他们甚至抱怨电梯走得太快，时间不知不觉就过去了。最终，员工的抱怨声也就停止了。

管理不仅有有效的管理，也包括了许多无效管理，而这些无效管理十分寻常，所以在追逐结果的时候，要忽略过程，把过程简单化，不然效率就无法提高。

追求目标导向，以终为始，把所有注意力都凝聚在目标上，调动团队所有的人力、物力、财力，紧接着，指向目标的每一个行动都应该为目标达成做出贡献。领导者一旦目标清晰，就会坚定不移地朝它努力，不应该受任何干扰，直至达到目标。

因此，领导者的个人计划要以终为始，同时，领导者还要帮助团队实现以终为始的任务计划。让员工参与讨论，形成合理的目标，并将这些目标贯彻下去，让团队中任何一个人都明确理解这一目标，继而为员工划分细节任务，从而让目标更具可操作性，提高工作效率。

正如王健林所说，要像他那样成功，就要先给自己定一个小目标——先挣一个亿。领导者的目标导向应当像驴友前进一样，首先知道前往的目的地，其次将整个路程划分为不同的段落，每到达一个小目标，就将其作为这个阶段的里程碑，放松一下，比如用一次篝火晚会或野炊来庆祝，再进行下一段路程，这样一来，就会更容易快速到达目的地。

所以，企业通常会率先制定年度目标，确定好下一年的战略计划，然后以这个结果为终点，倒推出季度目标、月目标、周目标，只有保证团队把小目标达成，最终才能实现年度大目标。

一碗水端平

公平理论由美国心理学家于 1965 年提出，它指的是将员工的投入和他获得的报酬相比，员工在心理上对这种比较结果进行的判断，从而在员工心里产生公平与否的感觉。员工工作积极性不只和个人的实际报酬有关，更和是否对这样的实际报酬感到公平息息相关。卓越的领导者清楚，公平本身就是主观的，每个人对于付出的理解不同，所以公平的满足感不一定人人都有，但他会努力创造一种相对公平的感觉，这是领导的艺术。

现在有些公司还会存在一些男女有别的思想，给女员工的优待会少一些，薪水更低，升职也会更难，更有的公司会因为女员工怀孕而直接辞退，或者用不公平的方式对待女员工，把她从工作岗位逼走。

有的领导者任用亲信，将亲朋好友安置进公司，导致公司其他员工惧怕得罪他们，在工作中对他们要求比较宽松，最终直接影响到工作效果。

在团队管理中，领导者不公正最难以服人。长期以来被压迫的一方容易滋生不满和抱怨，最终导致人心涣散，工作不力，团队发展受到影响。

领导者应该任用有才干的人，不应该因为自己的好恶对员工差别对待，对所有员工适用同样的标准，工作才能够做得更好。

在管理学中有这样一个案例：张强在公司工作了6年，已经从普通技术工人升到资深的技术分析师，之前他对公司非常满意，但有一天，张强和朋友聚会时，无意中了解到自己部门新来的员工只比他现在的工资少200元。他便问人事部负责人，人事部负责人告诉他确实是这样，同时又解释因为现在招人并不容易，为了找到合格的人，领导者只能提供较高的起薪。

张强问能不能相应调高他的工资，人事负责人却说："你的工资会按照正常的绩效评估调整，你干得很不错，老板将来会为你调薪的。"但张强却感到很不满意，摇了摇头离开了办公室。

在这件事情里，张强并没有受到更好、更正面的激励，这样负面的激励必然会带来不公平，努力与结果的关系是纵向的，员工和员工待遇的公平性激励是横向的。领导者必须要清楚员工能够发现自己与其他人待遇的差别，他们喜欢进行比较。所以，领导者应该重视员工，考虑到员工的情绪问题，这样利于工作效率，也利于公司的整体发展。

不公平的表现有很多，有些领导者会搞绝对的公平主义，员工做的工作不一样但是得到的薪水却差不多，这是管理的误区，会导致不公平现象，员工也会因此懈怠，不好好工作，认为少干活也可以跟那些做事多的人拿一样的工资，这样显然是不对的。既然在公司无所事事，整天浑浑噩噩的人都能够拥有较高的收入，而团队里最积极、付出最多的人却没有得到更好的激励，那么，每个人都会变成浑浑噩噩混日子的人，不情愿做事干活。

所以，领导者如果把每一个岗位的员工都用一样的标准对待，那么就会造成更多不公平。不同岗位的考核标准应该不同，不同岗位应该不同对待，分清楚岗位的区别，领导者要根据不同的岗位给出不同的考核标准，这样才能有相对的公平。

此外，领导者还会存在很多其他的错误。例如，一是激励和惩罚机制不完善，领导者应该多用激励的方式激励员工更好做事，而不是用惩罚的方式，员工稍微没有做好就扣钱，这样显然会刺激员工，让他们失去积极性，而激励机制能让员工更加积极工作，有勇往直前的力量。二是现在很多公司都实行"996"的工作制度，领导者要求员工加班而不给酬劳，会使员工降低对工作的兴趣，导致工作效率低下。在公司就需要高效地做事，而不是把事情都拖到下班时间，但是有时候事情确实做不完，需要加班，这时候，领导者就要发挥作用，员工完成任务应该给予奖励，劳动力不应该被过度消耗。若领导给加班费，员工也会更加有动力，更加有积极性。

绝对的公平是很难做到的，不同的人有不同的情况、不同的岗位，所以对员工的激励也要不同，保证一定的公平，这样才能达到满意的结果。

要让员工感受到领导者"一碗水端平"，领导者必须建立公平的薪酬体系，依据不同的付出给予相应的合理报酬，这样会让每个员工都感受到公平，从而使团队氛围和谐，大家都能努力工作。

公司要有明确的奖惩机制，奖励和惩罚并行。一方面，能够用奖励去保持员工的积极性，另一方面，一旦员工做不好，可以用一定的惩罚措施来规范员工的基本行为，能够让员工有更多的机会把公司的业绩提上去。

如果制定了相关的奖励和惩罚机制，那么它就有一定的作用，所以无论是谁违反了都必须受到一定的惩罚，人人平等，所以，奖惩机制的制定十分重要。

同时，领导者还应当建立合理的监督制度。监督制度是为了保证此前设置的一切与公平相关的制度得以正确实施，保证程序的公正，一旦出现个别不公平的现象，可以尽快反馈给领导者，让领导者了解实际情况并制定合理的解决方案。

要到位，不越位

其实每一名技术人员变成一个领导者的时候，都会经历痛苦的过程，所以尽管领导者的技术能力很强，但是转变不到位常常会使公司混乱。

作为一个领导者，不再是一个技术专家，要转变的地方很多，这是一个巨大的挑战，在管理方面，管理自己和管理他人是完全不同的概念。领导者要掌握的知识更多，尤其是在团队协作时，不是自己完成任务而是变成了团队合作，一个优秀的技术人员要成为一个优秀的领导者，不仅依靠及时的转变能力，还要有团队协作能力。

技术型专家在自己的专业方面能力很强，但是其转变为领导者后在管理上会存在不少缺陷，更容易把注意力放在自己的事情上忽视了管理。如果他看到技术人员犯了错误，便会去指导，但是领导者的工作不仅是指导，更应该掌控大局，而不是把目光放在细枝末节上。长期如此，团队的能力就会削弱，也得不到应有的价值。

在工作上，一点小问题就可能引起领导者和员工之间的矛盾。例如公司是遵守规章制度的地方，但是难免会存在一些无视规章制度的员工越位做事，这样会使公司出现问题，虽然问题不会太大，但是领导者也必须要重视起来。

作为领导者，应该调节好自己的时间，不能太闲，也不能太忙，如果太忙，说明管理的事情太多了，那就要减少一点管理，多把任务分配给员工。

其实，领导者只需要管好手下的几个职业经理人，让他们去管理他们的员工，抓大放小，掌握关键环节，就能解决越位问题。如果领导者看不清自己，没有注意到在不同位置上自己角色的变化，那么就非常容易犯越位的错误。

领导者从被管理者到管理者，最难转变的是原有的任务导向思维。不能总是担心员工出错就加强管束，管束太多并不好，要做好自己的事情，下面的事情用不着过于担心，可以管理，但是最好是减少管理。

有些领导者认为帮助员工就是在促进他的成长，所以十分愿意当员工的老师，但是他们并不知道，员工可能不需要帮助，员工遇到了困难自己去解决反而会取得更好的效果，领导者去帮助员工反而把工作节奏打乱了。

在员工决策的环节，除非事情特别重要，领导者可以去一起处理，否则，在一般情况下，领导者不需要亲自去处理事情。有些事情员工可以用自己的能力去解决，还可以让员工锻炼一下能力，给他们应有的尊重、权力和职责。

领导者绝对不能分散注意力，如果他因为决策上的事情，分散了自己的注意力，没有专注于当下的事情，错过了最重要的关键节点，就难以达到他最终的目标。有些领导者从底层做起，做到领导者的位置上，一到管理的岗位便会不知所措，毕竟开始是做具体的事项，会产生固定的思维。所以要想当一个好领导，必须做好思想上的转变。

领导者应该明确自己的责任，在有些场合要凸显自己的能力。例如，在需要演讲的时候要亲自上场，领导的形象就代表着企业的形象；在非演讲的场合，可以让员工去做事。领导者应该明白不同场合的区别，以及怎么去分配任务，在重要的场合需要领导自己去，不太重要的场合就可以让员工去推进工作。简化思考，这就是极简领导力，领导不需要操心太多事情，不需要有太多干涉。领导者尽量做好自己分内的事，分外的事交给别人做，他只要明确了自己在哪个位置上，拥有怎样的权力，在哪个层级上，负责怎样的工作，与其他部门负责人、上司（如果有的话）和员工有没有重叠的职权范围，如果有，要思考哪些重叠部分需要被删除，然后适当放权给员工，让他们承担自己分内的责任，不要让他们过分依附于自己。

松下幸之助曾经讲过："当企业是 1 个人的时候，我自己干；当企业有 10 个人的时候，我跑在最前面；当企业有 100 个人的时候，我走在队伍的中间；当企业有 1000 个人的时候，我在最后面；当企业有 10000 人的时候，那就天晓得了。"超过 1 万人的公司的最高领导者，其管理更多依赖的是企业制度、文化以及个人的影响力，一名优秀的领导者必须能够适应从管事到管人的转变。作为最高领导者，如果在工作环节中看到某基层员工做错了一件小事，不应当直接上手处理，而应该把事情明确反馈给这名员工的直接负责人，由他来解决这个问题，另外，还要叮嘱负责人制定良好的制度，以避免类似的现象再发生。

作为一名合格的领导者，如果发现员工做事不错，那么要给他相应的奖励，奖励机制会激励一个人不断向上，增强团队的凝聚力，促使员工努力奋进。

领导者需要站在一定的高度，对所有事情进行洞察，调整公司的战略，使公司朝着正确的战略方向前进，促进公司的发展。

无为而治是管理的最高境界

管理学中有这样一个经典案例：巴西的一家公司没有前台，员工办公时甚至可以把脚放在桌子上。上班时，员工可以一直翻看报纸，不用装作很忙的样子，而老板也不待在公司里，员工很长时间都见不到他。

然而，就在巴西通货膨胀严重、经济一直下滑的情况下，这家名为赛氏的集团却逆流而上，业绩飞跃，成了巴西最受年轻人喜欢的公司。

董事长弗莱德的父亲曾经规定每天公司上班时间从早上六点到晚上七点，一天长时间地工作下来，引起了员工的厌烦，再加上管理异常严格，员工更加讨厌这种工作时间和方式，积极性变低。

为了能够让公司不断发展，弗莱德接手公司后，开除了将近一半的高管。

他制定了三条规则：一是员工必须晚上七点之前离开办公室；二是要求领导者给予员工最大限度的自由和权力；三是公司取消了原来几乎所有的规章制度，比如门卫例行检查、考勤、着装要求等。

规章制度有一定改变后，弗莱德发现，取消了之前的严格规定，尤其一些不必要的规定取消后，员工更加有积极性，工作态度也变好，给公司带来了更多利润。

当然，如果有人离开公司，无论是被解雇还是自愿离开，赛氏集团都会为他们做离职采访，让员工告知真实的想法。在这种调查中，赛氏集团得出了公司与离职员工的冲突之一就是上班时间，所以赛氏集团开始采用灵活的工作时间制度。最终，赛氏集团成为巴西上下班自由的6家企业之一，在当时，这种自由在工业界根本闻所未闻。

曾经，赛氏集团凡事都依赖高管，限制优秀员工的发展，使得信息的沟通效率低下，这让工作很难快速完成。而如今，新的体制使组织变得扁平化，消除了公司里多余的头衔，人与人的交往更加自如。

在赛氏集团，如果员工对某件事情感到有自信，他可以自己做主，没有信心时，他可以向别人求助。当然，如果一些决策会影响到整个业务部门或全公司，这项决策就不能由一个人单独决定，而应该在下周的会议上，由各个部门的代表一起参加，共同协商。这种制度保证了各部门员工一旦有任何建设性意见，都会被立刻反映到决策人那里，建议被大范围讨论，不再被置之不理。

不过，自由的管理又容易让员工变得懒惰，所以，赛氏集团为了真正让员工成为企业的主人，极大调动其积极性，便与员工共享财富，也由此制定了利润分享的计划。集团、工厂委员会和工会领导者在多次协商后，决定从企业总利润中扣除40%的税金、25%的股东分红、12%的再投资，剩下23%则分配给员工。

如此，员工就会更加关心公司的发展，而不是只在意自己的收入，他们清楚只要公司发展好了，自己的发展也会很好，所以让公司拥有更好的未来是他们的期望。

员工参与利润分成，使他们产生一种企业主人公的感觉——每个人都对企业的发展责无旁贷。员工在这种制度下也不能肆意妄为，因为企业的利润直接影响他们的收入，所以他们之间会相互监督，同时小组内也有考核，这样一来，传统的劳动力和资本对立的管理转变成每个人的自我管理，这就体现了无为而治的管理概念。

同时，每过几个月，员工要评价一次领导，评价的结果会被公之于众，如果领导者得分太低，不仅颜面荡然无存，还有可能离开公司。

管理的最高境界就是无为而治。无为而治是道家创始人老子提出的管理思想，它不仅用在国家治理方面，在企业管理中也有着非常重要的作用。它讲究顺其自然，依靠民众的自为，实现无为无不为。

管理不能依靠个人，而需要依靠企业。员工必须了解并认识到企业的价值观和企业文化，而后朝着目标靠近，这样也可以减轻领导者的压力，领导不用严格控制也能够达到最终的目标。

华为公司氛围和制度良好，员工更喜欢这样的公司。在好的环境下，员工便会有极大的积极性，公司再制定激励机制，建立良好的管理体系，就会使员工想要进入公司，并给公司带来一定的价值。

领导者要明确在决策中做什么，不做什么。公司开始需要领导的亲力亲为，但是随着公司的扩展，企业规模变大，领导不需要事事都亲力亲为，而是放权给下面的员工，制定一个好的管理制度，让员工去做事，调动他们的积极性。领导者要放宽心态，保持最佳情绪，学会用人，不要管理过度，有些不重要的事交给员工处理，给他们更大的成长机会。

领导者的能力和品质缺一不可。他必须有能力坐到领导的位置上，有丰富的知识体系，也要有自己的人格魅力，这样才能够让员工感受到其魅力，促使员工提高工作效率，达到更优效果。

当然，一定要保持制度规范化，只有这样，员工才能够梳理工作思路，提升工作效率，更能准确聚焦，简化管理，完成战略目标。

第二章

复杂领导力的糟糕陷阱

放过那些细节

作为领导者的你是否熟悉这样的情景：每天忙于处理电话、微信，邮件根本回复不过来，一天看起来做了很多事，但做成的没几件。你总认为你的员工无法完成你布置的事项，所以你每天上班时总会忧心忡忡，提心吊胆。当然，最显著的标志还是你越来越忙了。忙并不是坏事，忙碌说明你和企业都在走上坡路，但太过忙碌，一定是你关注了太多细节的原因，当你一头扎进细节堆中，就会难以看清大局。你亲自去做或总是手把手教别人去做，实际上是浪费时间。

领导者需要掌控细节，但是不能太关注细节，最重要的是做到把控整体方向，要有大局意识，这样才能带领员工们把事情做好。找准大方向后做事会容易很多，但细节的事情如果关注过多，就可能会偏离大方向，那样纠正起来并不容易。

每个人都不可能面面俱到，可以集中精力做一件事，但是做多件事就没办法集中太多的精力，所以领导更应该简化管理，细节关注不需要过多。极简领导力就是简化，每天要列一个任务清单，做计划，需要做什么事，把重点放在哪件事上。每做完一件就划掉一件，完成之后就会觉得十分充实。清单上的事不需要过多，做一个简单的说明，然后挑最重要的先做，其他的可以后做或者让员工去做。

如果员工在写文案时犯了一个细节的错误，领导便叫员工过去，说文案需要字数少些。但是结合员工之前的经历来看，他发现短的文章留不住客户，于是才换长文。这时候，如果领导还坚持自己的想法，让员工写短文，员工的心里会是不满且纠结的，因为任务要按照领导说的去完成，但是又害怕客户不买账，怕效果不好被领导批评。这样一来，就会产生各种矛盾，员工可以试错，但是有时候领导不给员工试错的机会，觉得一定要一次性做好，然而又欠缺方式方法，过于关注细节，导致最终出来的效果不好，所以领导应该给员工不断试错的机会，给他们尝试的机会，也能让员工独立思考，从中获得成长。

事实上，大部分领导都知道要把工作放权给员工，但是有时候他们仍然会追求细节，因为他们不想任何一个环节出差错，也会担心员工做不好。但是，员工需要在他的岗位上尽到自己的责任，需要不断进行学习，不能什么都依靠领导，应该去尝试着自己处理一些问题，细节方面没有做到完美，要学会改正之后再做事。培养员工这样的能力很重要，不应只是给员工分配工作任务，而是应该培养他们的能力。这时候，领导就应该放权给员工，细节的事情让他们去把控，这样员工才会明确自己在公司的位置，产生工作的积极性，也会更加奋进，给公司带来价值。

在成功企业中，把工作委派给员工被认为是至关重要的一项内容。英国独立电视制作公司 Twofour Group 的创始人兼首席执行官查尔斯·韦斯表示："对人委以重任，绝对是关键所在。"在和员工共事的时候，他经常鼓励对方："如果你成功聘到比你更聪明更有才华的人，说明你干得不错，聘用聪明人并让他们自主思考，比聘用平庸人士以衬托自己的英明更加明智。"

商业教练马修斯通曾提到过，某些高管会对员工没有信心，对员工不抱有希望，期望过低。这样一来，员工会丧失信心，也会对经理人的态度产生疑惑，而这种经理人的想法是固化的，没有更好地了解员工。

领导者可以注重细节，但不能够太过于注重细节，对细节的把控不是对整体的把控，就全局的战略方向来说，目标战略不同，那么最终的结果也就不同，关注的重点也就不一样。领导者花费太多时间在纠错、纠细节上，虽然会带来很大的成就感，但是偏离了公司的方向。

领导管事过多，员工就会降低对这件事的积极性，所以领导不能事事都管束，有些事应该让员工自己去决定，自己为自己的决策裁定，而不是让领导负责，他们需要有自己的想法和主张。这样员工才能够更好地成长。

而当员工主动放弃了积极尝试的可能性，听从领导的意见时，他们就会完全变成机械的执行工具。因此，作为领导者，对员工的指导要点到为止，一定要给足对方思考的空间，如果对方能力很强，那么给出他总的方向和目标即可。

如果领导者什么都管，员工就会丧失积极性，所以，许多企业都会对员工放权，不会再追求细节的东西，而是采用极简的管理来掌控整体，尤其是现代企业，不追求细节是他们的管理方式。

有一些领导具有很强的控制欲，想要通过管理的行为达到管理的目的。让领导者放下控制欲实属不易，领导者有时候会把管理的权力看得过重，有的并不想管太多，但是却总是操心细节，所以，领导者应该放手给员工，给其他人，让他们去解决问题，而不是自己一个人管理所有事务。公司就是这样，每个人都有不同的责任，公司是一个团队，不是领导一个人，需要每个人都优秀，所以领导为了公司更应该放权给别人。

领导者在做一件事时，应该做到的是明确目标的大方向，不告诉员工具体怎么去做，不告诉员工清晰的路径，而是说明最终要达到的目标，作为领导者，只需要把控大方向即可。最终他们会发现，虽然路径不同，但是可以通过不同的方式方法达成最终的目标。

员工在领导放权的情况下，最初也许会手足无措，很多事情不知道该怎么做，犯下一些错误，但是一些小的失误并不影响员工的长期成长，只有他们亲自尝试，逐渐发现问题，之后才能获得真正进步。

砍掉冗长会议

在公司，领导者经常要开各种各样的会议，但无聊的会议仍然占据多数，有时甚至连各部门负责人也在躲避开会。

在开会过程中，在梳理项目进展、确认计划节点时，总有人不断打断讲话，从总结汇报演变为所有人七嘴八舌的讨论。一件事没说完，就有人分析原因、指责或者是出主意，讲了半天却发现，讨论事项中其中一个部门没来参会，只好暂停讨论。开会总是闹哄哄的，使得会议效率极低，讨论事项也常常没有结果。

曾有媒体统计，美国、意大利等主流发达国家每周开 3~5 个小时会，而在中国，企业开会时长每周能达到 13 个小时。

会议时间过长是不好的，这样员工会觉得会议十分枯燥无聊，抓不住重点就是在浪费时间，时间就是金钱，就是成本。会议最重要的就是要有一个大方向，重要的几个点是什么，而不是说了一大堆话，最后大家都不知所云，效率极低。开会一定要有个结果，不能总是冗长枯燥的，不然对每个人来说都十分难熬。在会议中，领导要让每个有想法的人提出建议，进行头脑风暴，鼓励创新，激发大家继续工作的活力，而不是让气氛过于沉闷。好的环境可以让员工和领导的关系更进一步，觉得领导更有亲和力，会议也更有趣。

会议之前必须要有所准备，任何没有准备好的会议都需要被砍掉。开会之前一定要明确会议主题。会议开始时，需要有人把会议讨论的要点和解决方案大致复述一遍，让所有人心中了然，避免产生理解分歧。

参加会议的人也需要提前看材料，做好准备，不能进了会议室才开始思考，这样开会效率极低。比如，在亚马逊，领导者杜绝员工使用 PPT 单方面介绍，他们认为这会让参加会议的人变得被动，遏制大家集体讨论的激情。参会时，每个人都会提前拿到一份 6 页纸的文档，然后集体默读 30 分钟，再开始开会。

开会需要设定一个主题，有组织、有计划、严肃地去开会，这样的环境下，人也会更加认真，知道这是在开会，不是在聊天，会议散乱会浪费时间，所以领导要确保会议的时间不拖沓。开有效的会议，不能是无效的，谈论一些无聊的事情，否则主题不明确且没有讨论的意义。无效的会议是形式化的东西，员工也会厌倦，达不到更高的效率。所以会议时间最好短一些，精简一些。汽车之家创始人李想提到，一些公司决策特别慢，会开得又臭又长，最主要的问题就是每个人都站在不同的视角上开会，认识不一样，其实，做决策有一种特别简单的方式，就是所有人先把想法都抛出来，抛完之后先不讨论，先归类，然后排序。当大家看到某样东西是很多人共同认可的，那么这一项自然会被提上日程。

苹果的乔布斯就不开大会，他认为会议规模小是最好的，不需要太多谈论，而是要精简的会议讨论，人不需要多，太多的人会有太多的争论。为了避免过于严肃，他还会用一个表格和一张白板进行交流，让大家放轻松讨论问题。偏离主题也是他绝对不允许的，要把会议的重要问题解决就不能偏离主题，废话要少说或不说，不简洁的总结不需要，需要的就是抓住重点的简洁的话语，这样也可以缩短会议的时间，让时间变得高效。

开会时还需要选择正确的开会对象，必须是可以解决问题、可以拍板的直接负责人。如果无法找到关键的人开会，那么就算开会达成了决议，会议内容也不能很好地传递下去。作为领导者，应当根据具体情况设置每次会议的具体进行时间，比如汇报性的会议时间要尽可能压缩。

有一次乔布斯主持一个和苹果广告商的会议，会议开始时，他发现房间里出现了一个他从未见过的人。在询问对方姓名后，乔布斯礼貌地请她出去并说："你不需要参加这个会议，谢谢。"女士只好收拾自己的东西离开。乔布斯一直贯彻着这样一个开会原则，甚至连奥巴马邀请他参加一个科技大腕的会议时，他都拒绝了，原因竟然是邀请名单太长。

所以废话不能太多，在会议上说的任何语言都要简练，不能说一些假大空的话或者是废话。不能偏离会议的主题，一定要紧紧围绕着主题讨论。

会议结束后要明确会议结果，如果会议暂时没有结果就要安排下次会议，如果已经形成结论，就需要明确传达给所有人，并且立刻进入执行环节。执行之前，需要确定方案的完成时间，并向相关负责人询问是否能在规定时间内完成，需要协助的情况也必须尽快点明，让决议事项更具可操作性，真正产生效果。

无用的"画饼"

最近，笔者的一个朋友终于办理了离职手续，他在这家公司干了5年，级别升得很快，但工资总是不见涨。刚进公司时他每天踌躇满志，领导为他规划了一场美好的未来，承诺干到一定的年限给予股权，并不断向他灌输自己的宏图大计。但是，领导始终只是说说而已，朋友认真了，领导却没有认真。

《三国志》曾记录：曹操的孙子曹睿有一次想找一个适当的人作中书郎，他便找到大臣卢毓推荐，并告诉他选拔人才不要只凭他的名声，名声就好像画在地上的饼，没法吃。这个故事后来引出了"画饼充饥"的成语。作为领导者，如果你总是画饼，为员工许下美好承诺，那么这就是画饼管理术，这种管理术到今天依然十分盛行。

"画饼"是一种领导力，是为团队找到前进的动力。这份动力往往取决于共同的商业目标，一旦实现，给予激励。但是，"画饼"也是一门技术，饼画得太大，员工吃不下；太小，又让人没有胃口。很多领导者都愿意用"画饼"的方式来安抚员工，但是，能否真的兑现承诺，他们却并不在意。

一家不错的公司被员工爆出"画饼"坑人套路，公司对外称今年挣钱历史最多，刚刚融资7.5亿美元，但是年终奖却拖到几个月后才发。领导一直"画饼"谈理想，说年终奖超乎想象，给予员工的承诺是年终奖为2~8个月工资，可是真正发年终奖时，却没有几个员工的年终奖超过两个月工资。之前做出承诺，结果却并没有实现，许多员工相当不满，在网上集体吐槽，引发轩然大波。

"画饼"要诚信，既然说到就一定要做到，否则这张饼不如不画。

"画饼"而不给"饼"，就属于负向激励，最终不仅没有激励出员工的积极性，还会让员工滋生不满，长期来看对企业发展相当不利。领导者"画饼"的次数也不能太多，频繁"画饼"会提升员工的接受阈值，第一次"画饼"，员工会受到鼓舞，但是无数次画一张"饼"时，员工就会感到厌烦。如果不来点实际的，即便把员工的前途描绘得再绚烂，员工也会失望透顶。

领导者总是"画"虚无缥缈的"饼"，想要用"画饼"留住人才，许他工资翻倍，许他大好前程。也许员工刚入职时对公司还抱有期望，但随着工作越来越深入，当他发现这样的许诺只是糊弄人而已，也许就会萌生离职的念头。对于"85后""90后"甚至是快要步入职场的"00后"来说，他们对于领导"画"的"饼"并非深信不疑。

有些人听到公司未来的发展前景，就会激动百倍，但是真的等到实现目标，领导却会因为各种原因推脱。当然，"画饼"也有正面作用，如果你是初创公司的领导，需要笼络人才，但势单力薄，就需要用理想留住人才。比如当初跟随马云创业的"十八罗汉"，如果他们不相信马云"画"的"饼"，那么很可能达不到今天的高度。而当年，乔布斯邀请百事可乐总裁约翰斯卡利加入苹果时，也"画"了一张著名的"饼"，他说："你是想卖一辈子糖水还是跟着领导者改变世界？"

"画饼"是有技巧的，领导者不要"画"太难实现的假大空式的大"饼"，这张"饼"最好能让员工踮踮脚就能够到。所以，领导者首先要对大的目标进行拆解，划分成小目标，用小目标的实现安抚员工。徐小平曾经提到过，企业能做多大取决于合理的股权设置，也就是利益分配。如果一家公司的4位创始人分别以97%、1%、1%、1%比例分配股权，他便不会考虑投资，因为这样分"饼"决定了公司做不大。

作为领导者，能给员工多大空间，自己要先了然于胸，先想清楚能给什么，不能给什么，再结合员工的表现给予真诚的承诺，空口白牙地随便许诺会使你的信誉丧失。

"画饼"时要让员工感到跟着公司有希望，告诉员工达到年度目标、季度目标和月度目标之后会有怎样的激励，明确他们的职位上升通道，比如三年以后企业的发展状况会是怎样的，能不能为员工解决买房买车的问题。

当然，"画饼"时，要把激励打个折，比如你要奖励员工 2000 元，那么就先许诺 1500 元，等发放时再告诉他，由于他表现良好，你特意为他多争取了些，这样一来，会让员工产生惊喜和感激之情，认为这是意外的收获，不仅对你更加信赖，自己也得到了激励。而如果你承诺太多，最终给得太少，对方的热情只会一点点被消磨。

同样，在"画饼"时，领导者要根据不同对象实施不同的策略。比如对于职场新人和年轻人，你可以告诉他公司的目标朝向以及完成任务后给他多少激励，让他朝着这个方向努力。但是对于职场老手来说，"画饼"就很难起到作用，你要做的是先让他们尝到"饼"的味道，当他真正感觉到你带给他的好处时，他才肯为你卖力。

领导需要给员工物质和精神上的激励，让员工知道自己需要怎样的鼓励和激励，明确自己的工作任务，物质和精神奖励可以使员工做事更有动力，他会意识到这份工作的乐趣，这份工作带来的价值，也会有成就感。

现在的低收入对员工来说没有太大的问题，最怕的是未来仍然收入低。领导者能否让员工较长时间跟随自己是有方法的，需要在适当的时候奖励员工，需要给予员工信任感，帮助员工寻求属于他的发展路径，承诺的东西必然会实现，让他增强对自己的信心。

领导者不仅需要为员工规划道路，还需要让他们了解公司对他们的期望。让员工不仅只有想法，还要更多地安排他们去实践，对每个员工的优势进行评估，培养员工的技能。领导者要带领员工，向着一个长期的目标奋进，告诉员工公司的愿景，让员工有动力朝着目标去前进。

请放下经验主义

对于年轻员工提出的方案，一些领导者总喜欢用经验压制，却讲不出什么道理，托词只有："听我的，你们又没什么经验。"这让员工的分析和数据在领导者的经验面前，被一下子击垮了。

曾经有过这样一个实验，科学家把4只黑猩猩关在同一个笼子里，门上挂一根香蕉，如果有黑猩猩走过去想吃香蕉，科学家就会用水去喷另外三只黑猩猩，黑猩猩被喷得哇哇大叫。重复数十次后，只要有黑猩猩跑到门口抓香蕉，另外的黑猩猩都会把它打上一顿。

试想，如果放出一只黑猩猩，换一只不知情的黑猩猩装进笼子，那么，新猩猩去拿香蕉时，也会被打一顿。如果老猩猩会说话，它一定会告诉新猩猩："根据我的经验，你去拿香蕉，就会受到惩罚。"

但把这些猩猩都放出笼子，如果它们伸手去拿香蕉就一定会被水喷吗？当然不会。经验是多年在一个固定环境下的逻辑，如果只是按照之前的经验做事，公司的员工就很难做到思维上的突破，总是待在舒适区，会导致难以跳出舒适区。

我们经常会听到一些长辈跟我们说："我吃的盐比你吃的饭还多。"这说明了长辈一般经验比较丰富。但是随着时代的快速发展，经验并不完全代表能力，只是遇到的事情多了，见过了大风大浪，才有了十足的经验，但是这并不代表有了是非判断能力，也并非懂了真理。真理是靠知识、经验和能力等判断的，并非只是依靠经验。当然有经验的人会比没有经验的人好一些，毕竟也遇到、解决过问题，但是不能总是依靠经验，不去面对新的事物。尤其随着时代变化，更是要及时转变思维。

如果让一名销售人员思考最近业绩无法提升的原因，他可能会考虑是不是商品折扣不够低、赠品不够多等，但这都是表层问题，这是销售人员们基于经验进行的下意识判断。其实，业绩上不去，也许是产品、价格体系或是渠道的问题，甚至是消费者对这一产品的认知发生了变化、产品风口已经过去等。但是，如果销售人员们在促销过程中完全依据经验来做，不愿意独立自主地分析问题，那么，无论他们怎么改赠品方案和促销优惠，都只能在同一个逻辑里转圈。

管理大师彼得·德鲁克认为，管理是一种实践，其本质不在于知而在于行，验证的是结果，而不是经验。

犹太民族有一个公式："时间+行动=财富"，如果你专注于某个行业，加上正确的行动，经过一定的时间你就能够获取财富。在这个等式中，"经验"一词并不存在。领导者需要通过实践不断更新修正未来的行动，经验来自于过去，而现在必须根据当下情况进行变通。

在企业发展过程中，领导者需要对政治、经济、行业等进行前瞻洞察，并把握未来的发展方向，在此基础上，才能根据自己的知识和经验预测未来。但这里有个假设，假设未来会继续和过去一样，否则领导者为什么要相信这些经验预测呢？

天气每天都不同，难以被准确预测，任何事物都无法保持完全相同。在逻辑上，这种连续性假设无法被证明，所以，一旦形势产生变化，过去的经验不但无益反而有害。

正如柯达胶卷公司依据过去的行业经验，未能预知数码相机的发展，没有进行变通，最终轰然倒下。即便你是经验丰富的专家，也很难准确预见行业未来的发展方向，而且当你拥有足够的自信，认为能够预知未来时，其实这比无知更加危险。

当然，用自身经验判断即将发生的事是非常常见的处事方法，每个人或多或少都会凭借经验来判断，这无可厚非。领导者通过不断地了解人和事，促进个体更好地成长，提升自己处事的能力，从这个角度来说，经验是不可或缺的，也是良性的。

人们反感的并不是职场中具备经验的人，而是把自己的经验强加在团队和员工身上的行为。在面对问题时，领导者若是不能动态、发展、全面、客观地看待，而是只从自己的个人经验出发，认为自己的经验就是颠扑不破的真理，那么早晚有一天他会为自己的经验所累。这样的领导者往往好为人师，员工不认同他时，他就通过自己经历过的事来证明。作为一名领导者，如果一以贯之地向员工宣贯自己的经验，那么员工很可能已经在打离开的主意了。

同样，一件事放在不同的时间、环境，由不同的人来做，因果关系不同，得出的经验也是不尽相同的。因此，只通过个例来争辩谁对谁错的方式是最低级的，无法根据具体问题来具体分析，等待在前面的就只能是失败。

在运用经验判断事物时，领导者不能主动忽略其他的因素。依靠经验来判断存在极大的思维惰性，看似勤勉工作，却并没有思考这种方式应该有所变化，也就不能适应时代发展。

在小问题上别大做文章

一次，领导把各部门员工召集起来开会，会上一共讨论了两件事，第一件事是公众号的排版问题，领导希望排版大气醒目一些，接下来，众多员工围绕着排版问题进行讨论。在集思广益的过程中，所有人都开始提解决方案，有人说行间距要宽一点，有人说字号要小一点。针对排版的颜色设计，每个人有不同的审美主张，大家吵得不可开交。有人说颜色要鲜亮显眼才能在众多公众号中脱颖而出，有人说颜色要单一才能显得大气上档次，双方似乎各有各的道理，难以调和，最后领导只好命令打住："各位讲得都有道理，但具体怎么做还需要我再考虑下才能做出决定。"

这时，有的员工表现出了不满，追问："为什么不当场就定下来？"领导感到有些无奈，毕竟排版并非新媒体中最重要的环节，在颜色格式上过度纠结实在没有必要，然而各派剑拔弩张，当场决定会伤了某一方的心，何况，审美确实没有统一标准。

领导接着说起了第二件事："推文的内容最近阅读量不高，对于栏目调整你们有什么看法？"这时候大家却都不发声了。领导不断强调内容的重要性，提出让大家向更深层次考虑，但是讨论的人依然寥寥，大部分人缄口不言。

这究竟是怎么回事？后来通过与朋友交流，领导终于明白，这叫作鸡毛蒜皮定律，指的是人们总对熟悉的事情发表看法，而且在熟悉的事项上更容易坚持己见。但对于不熟悉的事情，他们通常不愿意发言，哪怕和自身利益密切相关。而熟悉的事情往往是鸡毛蒜皮的小事，所以人们总是倾向于在小事上争论不休，大事却没几个人拿得了主意。越是鸡毛蒜皮的小事，在同事间讨论得越多，也就越没有意义。

因此，小事可以由成员讨论后投票决定，而专业事项却不需要讨论，因为多数人拿不出意见，讨论也没有意义，专业的事应该由专业的人出方案，这样才会事半功倍。

比如一些公司投票选领导，员工更倾向于为熟悉的人投上一票，对不熟悉的人却无法给出意见。这样一来，投出的结果反而是不公正的，只有和员工打成一片的领导才更容易晋升，但这显然违背了依据能力给予激励的初衷。

一旦出现鸡毛蒜皮的问题，一些领导者给予的解决方案通常是线性的，正所谓"头痛医头、脚痛医脚"。在无关紧要的小事上浪费过多时间，却只能解决一时的问题，还会让管理陷入一个负向循环，永远无法在更重要的事情上投注精力。

完美主义者最容易把精力放在所有小事上，一点瑕疵都会令他们无法忍受，在工作中领导者常会遇到这样的人，工作明明已经完成了且效果不错，但有的同事或员工总会鸡蛋里挑骨头，指出一些微不足道的问题。

其实在工作中，对客户而言，工作各部分的分值都是不同的。例如做短视频，视频的内容最重要，可以达到80分以上，人的形态容貌可以占到10分，字体及其他占3分左右。它的分值比例并不相同，因为对短视频而言，内容做好才是王道，其他的只是衬托，如果形态容貌好会给短视频加分，但是确实不需要太久的时间，这样的话拍出来的效果也不会很好。

领导者最要清楚的就是重点，不可能事事都是完美的，抓住重点部分，才能取得更好的效果。作为领导，更应该注重要紧的事，而不是关注一些鸡毛蒜皮的小事，一个人的精力并不能够做到每件事都完美；而且，一个人也并非完美，我们能做到的就是尽力去抓住2~4件最需要做的事，其他的可以花费一点精力去做，尤其是一个团队，需要有一个核心，然后才有小的分支。在重要的事上做到极致，放下不重要的事，才能让团队更好地发展。成功便是需要舍弃和选择。

通常困难就在于，有些领导者知道重点在哪儿，可是仍然忍不住想要去管小事，更想要追求细节的完美，纠结太多。优秀的领导者要学会放下，系统性思维可以让领导者学会简化，用整体的视角看问题。追求细节本身并没有错，但是前提是已经做好最重要的事且有足够的时间，保证不会浪费时间成本。

如今是碎片化的时代，领导者很容易被碎片化的信息所扰乱。微信、微博、邮件等信息实在难以处理，导致领导者太忙没有了自己的时间。如果注意力被分散，就会觉得很乱，所以领导者应该保持清醒，一些碎片化的信息不用特别去管，发信息也要简明扼要、说出重点，让对方迅速搞清楚你表达的是什么。所以不需要每一件事都特别仔细，要区分事情的重要性来对待。

无关紧要的事不需要管，人要学会舍弃，不被那些杂乱的事打扰，紧要的事需要尽快回复，不着急的事就不需要快速回复。也许你想要各方面都处理得很好，但是这是不太可能的，而且舍弃掉这些不重要的事没那么可怕。你会渐渐发现，如果学会舍弃，会带来更多的益处。

权力如何成为吃人的老虎

美国中央司令部前司令施瓦茨科普夫曾在海湾战争中表现优异，很多人预测他将会出任陆军参谋长，但是战争一结束他就退休了，并没有得到提升。在参谋长联席会议前主席科林·鲍威尔的著作《我的美国之旅》中讲到了施瓦茨科普夫没有得到提升的原因。这位前司令在一架飞往沙特阿拉伯首都的航班上命令少校替自己排队上洗手间，快到时喊声"将军"，他才慢慢站起来，插队上洗手间。

而在同一架飞机上的另外一件事也被美国国防部长看到：一名上校双膝

跪在机舱内的地板上，用手把这位司令的制服整理平整。因此，即便他战功赫赫，却被认为人品不好，不能出任陆军参谋长。

在管理中，应该杜绝领导者拥有特权，领导和员工本就是平等的，领导没有权力要求员工在工作以外的事情上为自己服务。

为了杜绝类似的权力滥用行为，美军《军人手册》规定，美军的士兵不能当面赞颂领导，如果对上级非常钦佩，要用其他方式表达，否则就有阿谀奉承的嫌疑，容易产生误解。所以《军人手册》规定，如果你对上级非常佩服尊重，请用以下三种方式表达：第一，对上司施以标准军礼；第二，认真执行上级指示；第三，尽职尽责，提高本单位战斗力。

在公司里，总有一些人的权力、地位高于另一些人。上级、平级和下级三种基本权力关系，在企业管理中制造了各种各样的问题。领导者的权力是公司赋予的，但你的员工却决定了你是否是一个真正的领导者，如果员工不愿意追随你，权力也就无从谈起。

中国文化中，层级制度相对明显，比如，领导为员工端茶倒水，员工会感到受宠若惊，而如果员工为领导开门，领导只会认为理所当然。公司之间的合作也是如此，如果合作对象是 BAT 这样的巨头公司，通常小公司都要敬它们三分，并且更能容忍它们的强势行为；如果公司合作的是一个没什么名气的个体，自己则会表现得更强势，这些都是权力的体现。

一些企业在组织机构上是扁平的，看起来权力层层下放，但在实际管理中依然是领导者高度集权，自己拍板说了算，员工做不了任何决定。比如在一些高度集权的公司，员工的采购报销费用甚至小到几块钱的打印费领导都要亲自做批示，初创阶段这样执行，流程简单明了，易于执行，但随着企业规模扩大，如果领导还死守着这种经验，不愿意授权，任何事都要亲自过目，就会引发各种弊端。作为一个领导，这也要管，那也要问，就是摆错了自己的位置。另外，领导者要避免患上领导病，不在公共场合刻意展现自己的才华和权力，应用自己的专业实力赢得尊重，而非获取盲从的仰视。

领导者权力过大，会影响员工的积极性和创造性，而员工没有主动性，企业便会丧失创造力。

其实，作为企业领导者，还有一种因素相当重要，这就是非权力影响力。非权力影响力是指由领导者的道德情操、人格魅力、智慧才能等非权力因素带来的感召力、凝聚力和影响力。在公司领导者逐渐走到台前的时代，领导者品牌日益重要，公司员工对领导者的期望也在不断提高，除了运用权力，领导者还要学会运用非权力影响力，以自身的魅力服人。

权力过大如同食人猛虎，吃掉自己和员工间的相互信任。领导要经常和员工交流，不仅可以拉近彼此的情感关系，还能够发现日常工作中隐藏的问题，倾听员工的心声，有助于调整接下来的管理行为，掌握一手资料，不至于和市场脱节。而如果领导者高高在上，用蔑视的态度对待员工，员工遇到矛盾只会绕道走，对领导者不予支持，最终让领导者失去权威。

领导者要和员工平等相处，说话办事应该态度亲切，坦诚相待，傲视、鄙夷、盛气凌人不可取。尤其是一些部门的领导者，在时间紧任务重时，应当带领员工冲在前面，以身作则。

同时，领导者应当有极强的上进心和责任心，在工作过程中始终树立牢固的理想信念，努力拼搏，对自己严格要求的同时，要求员工遇到任何问题都勇于承担自己的责任。

久而久之，领导就会在员工心目中树立起良好的形象。俗话说：其身正，不令而行，其身不正，虽令不行。领导者的道德品行直接影响他在员工心目中的地位和影响力，较好的思想道德修养会为员工树立良好的榜样。同时，领导应当时常复盘自己和企业中的问题，及时纠正，严格要求自己。

在团队管理中，领导者应当胸怀宽广，不要因为一点小事就锱铢必较。如果领导者因工作以外的事打压异己，无法容忍比自己才能更高的员工，团队就无法共同发展，无法共同完成目标。要善于找到每个员工身上的优点，欣赏并尊重他的优点，相互支持才能取得更好的发展。

领导者应当掌握新知识，不断增强自己的专业能力，拥有强大的理论知识基础，并且不断更新自己的知识库。如果知识贫乏，领导者在员工心目中的形象就会大打折扣。而且，领导者对于自己的本职工作也要相当熟练且精益求精，在员工遇到问题求助时，能够给出建设性意见和正确明晰的方向。

退一步海阔天空

合作谈判的共赢方式就是化敌为友，2001 年，华为公司就在各类公开或秘密的文章中把竞争对手改为"友商"这个称呼。华为知道，胜利不一定就要赢，就像是在面对竞争对手思科时，华为就能够化敌为友。

任正非说："谈判都是为了结束战争，该硬就得硬，该妥协就得妥协，桌面上桌底下两手抓。"因此，在桌面上，华为依据法律集中攻击思科破坏市场阻止竞争的行为。在桌底下，华为加速和美国 3Com 公司等合作，并在中国继续提起对思科的诉讼。思科内部的悲观情绪越发严重，而华为的高管则是越来越游刃有余了。任正非说："双方都留些余地，退一步是好事。"

2004 年，双方终于达成和解，握手言和。而在 2005 年，思科的钱伯斯来到华为深圳总部，当他走进华为电信研发办公室时，400 多位华为员工立刻起立鼓掌，即便当初是对手，但是华为仍然在表达对他的尊敬。在华为的核心价值观中，开放和进取是很重要的一条。

华为公司提到，中国历史上的变法虽然产生了极大影响，但很多并没有达到目标，就是因为领导者的变革太紧迫太僵化，不愿妥协。方向是固定的，但实践并不是一条直线，需要来回摇摆。在某些时候，即便路线离得远了一些，但只要它仍通向最终目标就好。

任正非说："华为的一些干部较年轻，有时候血气方刚，不大懂得必要的妥协，就会在工作中遭遇较大挑战。员工之间需要相互宽容，容忍人和人之间的差异。领导者必须和员工打好交道，宽容更容易使团队完成任务，将员工团结起来。"

"妥协其实是非常务实、通权达变的丛林智慧，凡是人性丛林里的智者，都懂得在恰当时机接受别人妥协，或向别人提出妥协，毕竟人要生存，靠的是理性，而不是意气。"

"这种妥协并不是完全放弃原则，而是以避退为进，通过适当的交换来确保目标的实现。相反，不明智的妥协，就是缺乏适当的权衡，或是坚持了次要目标而放弃了主要目标，或是妥协的代价过高遭受不必要的损失。"

妥协不意味着放弃原则，妥协的智慧是适当交换，为了达到主要的目标在具体事项上做出一些让步。如果一味坚持，可能会失去更多机会。

妥协还体现在人与人的交流沟通中，讲话时语气温和，但绝不卑微。讲到对方心坎上，双方都乐于接受，做事才能更有效率。

如今，商业竞争多数不需要你死我活，双方共赢才是最好的结果。博弈论告诉领导者：当人们必须长期相处时，合作和妥协往往是明智的选择。当然，在管理过程中不应当事事妥协，要在稳定大局、专注目标的情况下妥协。适当妥协是为了化解冲突，让事情进展得更为顺利。邓小平曾说："如果都是你不信任我，我不信任你；你不谅解我，我不谅解你；你不让步，我不让步；应该作妥协也不作，小的不同就会变成大的冲突。"

领导者要有足够的宽广胸襟和气魄，能够忍受外界的嘲笑讥讽。当然，这也需要很大的勇气。作为领导者应当时刻明确，无论坚持还是妥协，都是为尽快解决问题服务。如果领导者总是把话讲绝，不懂得给别人台阶下，就很容易失去员工的心。

若是团队产生冲突时，领导能主动带头，稍作让步，对方就不至于陷入尴尬。一些情商低的老板常常公开批评员工的错误，开一些不适当的玩笑等，这些都会让员工感到不舒服，最终从积极配合工作到消极抵抗。其实，多一点理解多一些让步，就能让员工尽快迈过那个难堪的台阶。

有时，领导者也需以退为进。比如汉武帝刘彻在刚登基时实行韬光养晦的政策，以和亲作为妥协，麻痹敌人的同时默默壮大自己，才能够稳固边疆。时机不成熟的时候只顾逞强，最终会为团队带来不利的结果。

马化腾曾经提到腾讯支持冗余度，容许大家失败，允许适度的浪费，鼓励内部试错。微信等一些爆款产品就是几个团队共同研发并参与内部竞争的结果，几个团队基于不同的设计理念和执行方法，做同一类型的软件，哪一款能得到用户更多青睐，就为哪一款软件给予更多资源倾斜。

在这期间，总有一些团队的成果会被砍掉，无法走到最后，但在竞争和试错的过程中，所有团队都会不断迸发灵感。一定的试错应当是被容许的。所以，管理实际上是在对未来不可预知而且复杂多变的环境当中，建立在一定规范的基础上，给予员工更大的自由和渴望。必要的妥协是必需的，不能凡事锱铢必较，太过严苛。

松下幸之助对员工要求严格，但他有一次在学术会议上讲："我每天要做很多决定，要批准别人很多决定，但实际上，只有40%的决策是我真正认同的，余下的60%都是我保留的。"

员工听后十分惊讶，因为只要他不同意的事，他完全可以不用妥协，直接否决就可以了，为什么还要鼓励他们去做呢？但松下幸之助说："对那些我认为算过得去的计划，我可以在实行过程中指导他们，使他们重新回到我所预期的轨道上来，我不能抹杀员工对方案被采用的渴望，这样会打击他们的工作积极性。所以，员工如果有一些微小的过失，应该被领导所容忍，这样是为了保全他人的体面和企业的利益。"

面面俱到等于什么也做不好

举办一场会议是一件非常烦琐复杂的事，你或许遇到过这样的情况：某个论坛活动请来许多大咖嘉宾，主办人压力很大，连续几天都非常忙碌，睡不好觉，对待工作细致又认真，本子上密密麻麻全是注意事项，包括领导招待、住宿交通、时间节点把控、音乐的起承转合等，全是细节问题。本以为这么用心，活动现场应该不会出差错，却没想到活动开始后，总会出现一些细节问题，比如音乐放错了、话筒声音不稳、专家在台上讲了不恰当的言论等。

主办方这时像极了一些领导者在公司的角色，他们变成了一个需要时时关注细节的"救火者"。每个项目中细节的问题，他都要亲自把控，即便如此，项目依然会出现各种各样的问题，于是领导濒临崩溃，觉得员工太靠不住，没有一件事能做好，还是要自己不断操心。所以，领导者不可能面面俱到，只需要把一件事做精彩就可以，不需要做到所有事情都完美。

但是尽管有时候准备得很好，还是会出问题。比如一名记者精心准备了采访提纲，同时为了给被采访者留下更好的印象，仔细梳洗打扮，但是到了采访地点后，却发现提纲忘记打印出来了，自己只能根据回忆提问。又如领导者对待PPT非常认真，甚至为PPT加了各种手绘插图和特效，不料现场的投影竟然不能用，于是自己懵了，为精心制作的PPT无法被呈现而犯愁。

有时，领导者关注了太多的细枝末节，兼顾了关键和不关键的点，当需要在意的方面太多时，它们就会相互干扰。领导者总会忘记一些事，因此，在处理复杂的事情时，领导者需要动用极简的思维，要先明确领导者做这件事情的最终目标是什么。比如一场会议发布的内容更重要，还是会议的等级规模更重要，抑或是沟通协调方便日后促成合作更重要？当明确了事情最终的目标后，领导者再来明确达成这一目标的必需手段，分清楚哪些手段是必要的，哪些只是锦上添花。如果是锦上添花的部分，加上一两项使它更有亮点即可，但它不作为重点关注的对象。放弃牢牢控制局部的做法，关注最关键的问题。

正如所谓二八定律，是说作为领导者，你完全不用面面俱到，抓住重点的20%，把精力用在关键环节上即可。

笔者曾经遇到一名领导者，他在推进每个项目时都十分缓慢，笔者有些疑惑不解，便询问他原因，他却总是说这个产品现在还不够完美，需要继续打磨。

有时候打磨出一款产品需要的不仅是产品的完美，最重要的是完成你的产品并合适市场。不然就像这位领导者一样，他总是觉得产品不完美，结果辛辛苦苦地打造了很长时间，最终却反响平平。此时领导者便有些泄气，他不明白为什么这么好的产品却没有人买单。笔者告诉他："在推进项目的过程中不需要面面俱到、太过完美，有时候完成比完美更重要。"

任何一种产品都需要不断更新迭代，微信、QQ最初的版本也存在功能不全或体验不好的情况，但是由于出了第一版就立即铺向市场，所以赢得了最好的时机，在不断提高市场覆盖率的情况下，持续更新迭代产品，使产品越来越完美，最终达成目标。

如果把产品做得过于完美是以缓慢为代价，那么在向市场上推广时，产品本身就已不新鲜。更何况因为产品上市时间晚，推广时间也就短，更少人买单也很正常。

有时，领导者做的很多工作也需要呈现在市场上，接受市场的检验，否则对团队而言，很难形成批评或鼓舞的市场反馈。

太过完美主义的人并不好，因为完美就会犹豫，做起事来就会很慢，没有办法快速做决定，总是觉得不够好，还可以再好。这样是可以打造出更好的东西，但是也会丧失一些机会。毕竟如果不好的东西不去接触，一般的东西也不去接触，这样丧失一个个机会，可能会达不到最终目标。许多领导者都是完美主义者，他们不想看到缺陷，想要一件事更完美。但是一件事不可能做到完美，所以难以抓住重点，从而使目标难以实现。领导者需要让团队聚焦于一两个重点，抓住最重要的东西，舍弃一些不需要的东西，促进团队的发展。

要知道，世界上没有完美的方案，试想一下，如果把你的方案摆在其他人面前，如果你授权让他们改动方案，每个人都可以在上面添上几笔，那么，当你拿回方案时，看到的就全是批评。而如果你把方案摆在陌生人面前，要求他们写上认为好的地方，那么当你把方案拿回来时，看到的就是各式各样的赞美。

第三章

极简价值导向

找准战略理念

波音和空客一直以来就是竞争对手，1992年，波音和空客的母公司达成协议，希望两家未来一起研究制造大型飞机，但在合作过程中，两家公司对市场趋势得出了不同的结论，制定出了不同的战略，所以它们的联合研究停止了。波音的战略是针对远程高效的飞行，而空客的战略则是生产更大型的飞机，与此同时，空客使用中心辐射系统的大型机场，而波音则聚焦于点对点系统，因为使用点对点系统的机场数量更多。

在决定推进波音787飞机，而不是推出像空客a380这类超大型的飞机时，波音公司做过顾客调查结果，发现乘客更支持小型飞机，航空公司也是这样，因为它们能够快速到达小型机场，减少中转的次数。当然，小型飞机还可以降低财务风险，所以这种业务战略帮助波音在短期内创造了明显的优势。

战略原本是军事术语，指的是将军指挥军队的艺术，后来，战略思想开始运用在企业发展中，与达尔文物竞天择的生物进化思想共同成为管理学科的两大思想源流。

1976年，安索夫最早在《从战略规划到战略管理》一书中提出"企业战略管理"一词。企业战略管理是根据企业的战略规划，对企业的战略实施加以监督分析和控制，并对企业资源配置和目标方向加以约束，从而使企业顺利达成目标的过程。

通俗来讲，企业战略也叫作企业计划，从企业过去的发展看向未来，这时战略更像是一种模式。从产业角度看，战略则表现为一种定位。从企业层次看，战略是一种观念。在竞争中，战略导向也可以看作一种计谋。

在不少人的认知里，战略就意味着"假大空"，其实并非如此。假大空之类正确的废话，就像沙漠一望无垠的样子，完全没有参考；如果在沙漠边缘放上一些指示牌，它就会变成你的参照物，从而让你找到走出沙漠的道路。

沃尔玛的经营战略是天天平价、始终如一，从开业到现在，沃尔玛始终坚守着这一战略，平价不意味着会亏损，因为他们能够以更低的成本拿到同样的产品，有较高的议价能力。

因此，沃尔玛围绕着这一战略，把运销成本从市场普遍的 5% 降到 1.5%，商品损耗从 2% 降到 1.1%。在人工成本上，1.8 万平方米的面积可以经营大约 2.5 万种商品，并将运维成本管控在 20% 以内，而其他企业的经营成本在 40% 左右。为了提高资产运用效率，沃尔玛建立了自动订货系统，让物流环节更加灵活高效且具备规模效益，最终将配送成本也降低到竞争对手的一半。凭着这些方法，沃尔玛自然能够以更低的价格销售商品。

沃尔玛公司一直在帮助顾客节省每一分钱，价格便宜就是它的关键战略，而这一战略也帮助沃尔玛获得胜利。正是因为沃尔玛在平价战略下将成本控制始终放在核心地位，想方设法将每一个环节的成本都压到最低，最终才能成为成本控制专家。

因此，对于企业来说，战略起着方向性和关键性的作用，只有明确了企业战略，管理才能有方向和目标。领导者找准战略方向是简化管理的关键环节，否则管理就会循环往复地蒙头乱撞。

企业战略管理不是静态的、一劳永逸的，在不同的形势变化中，它会产生循环动态的管理过程。如果外部环境条件发生变化或反馈信息与预期不符，领导者旧有的战略管理就需要进一步调整，这个调整过程是不间断的。

亚马逊有一套飞轮机制，也被称作良性循环，它把用户体验当作一项产品和服务的起点和终点，一家公司提升产品质量和服务质量时，就会因为口碑效应而增加，流量增加又会吸引更多产品供应商和服务商，消费者就有更广的选择，得到更便利的服务，从而再次提升产品和服务体验。这个循环会形成一个不断往复的圈，高昂的成本会被不停分摊，带动效率得到极大提升。因此，亚马逊从一个线上图书零售商依靠飞轮体系成长为全球性的电子商务企业，把众多供应商、第三方商家、服务商和消费者联系在一起，让每一方都能得到更大的价值。

企业发展战略包含四个关键要素，分别是分析、选择、实施和调整。分析要点在于企业目前和未来发展的环境和要素，在这个基础上领导者才能制定恰当的战略。

战略分析包含三个方面：第一，领导者要明确自己的目标和使命，明确大体方向，才能选择到达此方向的路径。第二，环境分析，环境主要指社会环境，包含了宏观和微观的环境，如目前政治经济文化行业的发展趋势等，了解它们会为企业带来更多机会。第三，条件分析，看清经济发展大势和行业趋势后，再分析企业所拥有的优势和劣势资源，包括公司具备的资金、资源、人力等。这些因素都会影响领导者的战略制定。把所有条件分析评估后详细列出，以便领导者制定战略方案。在制定方案的过程中，领导者要考虑这一战略能否实现，目标愿景是否在选择该战略的时候利用了领导者的优势，规避了领导者的劣势。

做战略方案不可能完美，要先确定一个大体的战略目标，有了方向之后再去实践，这样才能看出战略和实践最后是否相符。在战略布局方面，不需要很复杂的方案，可以简化方案。太复杂的方案并没有意义，领导者需要明确方案后，才可以开始实践。

战略方向定好后，领导者要保证各个部门之间分配的资源已经明确，了解团队还欠缺哪些资源。有时，为了战略目标的达成，领导者还需要调整既有的组织架构、利益分配或企业文化，这样才能让战略方案与企业更好地适配。

在实施过程中，一定要注意战略对执行的有效指导性，执行不能脱离战略方案。在强大执行力面前，如果依据现有战略，项目进展一段时间后依然没有任何成效，那么，调整就是必不可少的。

核心价值观定位

许多西方企业都拥有一套较为完善的企业文化体系，企业家对企业文化的重视和执着令人钦佩，而在中国，现代企业治理的时间并不长，能够理解企业核心价值观的领导者更是寥寥无几。

惠普联合创始人威廉·休利特曾说："回顾一生的辛劳，我最自豪的，很可能是协助创设一家以价值观、做事方法和成就对世界各地企业管理方式产生深远影响的公司。"

在西方，一些企业家会更加重视企业的核心价值观。在他们看来，对企业未来长足发展有着巨大影响的就是企业的核心价值观。核心价值观是领导者在企业经营的过程中坚持不懈、努力让所有员工都遵循的圭臬。有了核心价值观的指引，如何做选择、如何处理矛盾便可以在管理中更加明确。核心价值观并不是几个标语、几个口号，许多公司墙上会贴一些很"高大上"的标语，别人认为这就是核心价值观，其实并不是。价值观是内化的，它是需要牢牢记在心里的，而不是天天说、天天喊。核心价值观是企业及员工的价值取向。价值观可以是包容的、多元化的，也可以是领导才能等，需要根据公司具体情况制定。领导要清楚自己公司的核心价值观，同样作为员工也要了解企业的核心价值观，需要时刻谨记，而不是嘴上喊着，但是没有记在心里。

企业的核心价值观必须能够经受时间的考验，长久以来作为员工行动的标杆和指引，它能够影响企业运作，是无形的员工守则。在执行过程中，领导和员工都必须有力践行并且坚持不懈。如果企业价值观标语只是挂在嘴上而不去实践，那么，它同样不是企业的核心价值观。

当然，核心价值观的字数一定不会太多，一些规模不大的企业将价值观编写成长篇大论的文章甚至写成一本手册，这一定不是真正的核心价值观，核心价值观通常只有几句话，凝聚了企业发展中的几乎所有精华。

比如福特汽车的核心价值观是：客户满意至上，生产大多数人买得起的汽车。本田汽车的核心价值观是：实现顾客利益最大化。可口可乐的核心价值观是：自由奔放，独立掌握自己的命运。强生公司的核心价值观是：客户第一，员工第二，社会第三，股东第四。思科的核心价值观是：为顾客、员工和商业伙伴创造前所未有的价值和机会，构建网络的未来世界。

华为非常重视与员工进行多种渠道的企业价值观的沟通，会创造机会让员工依据共同价值观对企业提出更多建设性意见，从而在工作中更好地与企业价值观适配并贯彻执行。华为通过对企业的宣传服务活动以及员工的仪容仪表、行为举止等向外界直接传递企业的核心价值观，而核心价值观的呈现又能让员工增强对企业的自豪感和荣誉感。

以下是华为核心价值观的详细阐释：

第一条，华为追求的是在电子信息领域实现顾客的梦想，并依靠点点滴滴、锲而不舍的艰苦追求，使华为成为世界级领先企业。为了使华为成为世界一流的设备供应商，领导者将永不进入信息服务业。通过无依赖的市场压力传递，使内部机制永远处于激活状态。

第二条，华为最大的财富是认真的员工，是管理有效的员工。公司之所以能够持续发展就是因为有好的员工，能够去为了公司奋斗，能够尊重他人，能够认真负责的员工，这才是华为最大的财富。

第三条，要学习世界电子信息领域的最新研究成果，发现国内的不足之处，学习国外的优秀企业，在独立自主的基础上，发展一些领先的核心技术体系，用领导者卓越的产品自立于世界通信列强之林。

第四条，爱祖国、爱人民、爱事业和爱生活是领导者凝聚力的源泉。责任意识、创新精神、敬业精神与团结合作精神是领导者企业文化的精髓。实事求是是领导者行为的准则。

第五条，华为主张在顾客、员工与合作者之间结成利益共同体。努力探索按生产要素分配的内部动力机制。领导者决不让"雷锋"吃亏，奉献者定当得到合理的回报。

第六条，文化很重要，文化包括管理、技术、知识等。只有文化会持续性发展，人类智慧非常强大，资源是会枯竭的，但是文化并不会。我们不仅需要物质文明还需要精神文明。精神文明可以转成物质文明，物质文明又能够巩固精神文明，同时精神文明促进了物质文明。文化是一种无形因素，它促进了生产力的发展。

第七条，华为以产业报国和科教兴国为己任，以公司的发展为所在社区做出贡献。为伟大祖国的繁荣昌盛，为中华民族的振兴，为自己和家人的幸福而不懈努力。

当然，当领导者提倡某种核心价值观时，必须打心底认可和尊重该核心价值观，如果只是要求员工忠实于公司而领导者自己却无法做到，那么上行下效，员工最终也会将核心价值观践踏在脚下。因此，推崇这些核心理念是领导者首先要做到的。

很多领导者会用教育、培训的方式来给员工讲什么是企业的核心价值观，但是这样的推广并不科学，领导者要贯彻核心价值观时，需要自己做出榜样，领导者要起一个带头作用，员工才能够了解企业的核心价值观，而不是通过培训的方式，培训的方式通常会使人厌倦，只有悉心指导，才能够让员工慢慢了解到公司的核心价值观。

创造企业核心价值观时，不要从已有的知名企业的案例中去找，而应该根据企业自身情况和领导者情况列出工作最需要什么样的精神信念，将所有要素按照重要程度排序之后，挑选出前几个要素作为企业的核心价值观。

一些企业在招聘人才的时候只和他们聊工作内容、薪资待遇和个人专业能力，却闭口不谈企业文化和价值观，这使得招来的员工难以有统一的努力方向，缺乏凝聚力，日后再试图统一他们的价值观会有很大难度。因此，在招聘时，领导者不妨直接提出价值观问题，便可以从一开始就筛选出与企业价值观统一的员工。

良好的企业价值观能够让员工拥有更长足的归属感和安全感，也能吸引更多优异的员工加入企业队伍，与企业共同进步。

简化企业符号

二八定律中，20% 的企业占据了 80% 的市场份额，而头部的 20% 企业如谷歌、亚马逊、苹果、宜家、波士顿等都有一个共同的商业规律，就是公司的管理更为简化。

比如，麦当劳把产品标准化、简单化后，销量便开始大幅提高。而苹果公司的产品线也十分简单，并未发展出庞杂多元的产品体系。

管理的最高原则就是把复杂的问题简单化，把混乱的问题规范化。对外界来说，复杂的公司价值观、复杂的公司产品和复杂的品牌形象都会夺走他们的深刻记忆，越是简单越容易记住。

通用电气前 CEO 杰克·韦尔奇曾说，他的目标就是将自己在通用电气做的一切事情、制造的一切东西去复杂化。他最初进入公司时还只是小团队中的一员，那时候没有官僚之风，因此他可以和同事专注于自己喜爱的工作，不需要应付复杂的人际关系，在工作中也没有复杂的术语，只有简单顺畅的沟通。这些简单化的标签被他一直用在通用电气的管理中。

他曾说："对一名工程师而言，简单化就是零件种类不多而功能齐全的简洁设计。对于生产制造来说，简单化意味着领导者将以具体的操作人员能够理解的，而不是复杂的程度来评价设计和生产流程。在开拓市场的工作中，简单化则意味着准确的市场情报、给消费者或行业客户以简明扼要的建议。简单化最重要的意义就在于它在个人行为上的应用，即人与人之间的坦诚相待。"

企业的传达必须精简，才能做到有效的传播，切记避免复杂化。向外传达的企业产品服务及品牌就是一个符号，所以必须让别人记住，这就需要精简，复杂的东西难以让人记住。

比如一盏台灯，如果加入很多符号语言如折叠、太阳能、智能等，核心信息太多时，反而没有了核心信息。那么用户接收时就会自然地弱化该信息，只能模棱两可地识记。如果传达的符号足够简洁，对用户而言就有更强的信息点和记忆点。

有时，领导者在要求员工对外传达公司属性时，标签太过宏观复杂。就像一款空气净化器的卖点既可以是净化程度，也可以是某些数据指标，但是如果打出创新设计改变生活这样的概念，就是将符号复杂化，不利于对外传播。如果一个品牌对外强调10多个特点，那么面对市场上众多竞争对手，其特征太过分散，不利于形成聚焦。

管理中也是如此，比如领导者常常遇到这样的场景：在任务执行过程中，员工总是问题不断，基层领导者认为是员工的素质和能力问题，而高层领导者则认为是基层领导者方法不行，为了解决这个问题，高层领导者为基层领导者安排了领导力培训、管理培训等，但这些治标不治本，问题仍然层出不穷。

那么问题到底出在哪儿呢？实际上，解决方法并不难。基层领导者需要让管理符号更简单化，不要只是对员工说教，就指望员工能做到。说和做之间会产生理解和执行的断层，解决方法就是简化管理符号，让说和做产生联系，也就是说，基层领导者要能知行合一。在推进项目时，领导者千万不要用通知的方式告知员工，而当项目出现问题时又向上级推脱："员工没有按照我的要求去做。"

领导者要多做检查，看员工能否按照要求做事，在检查的过程中，领导者不一定亲自上手，但要进行监督指导。查看现场才能真正发现问题，而非坐在办公室里纸上谈兵。

在对一些企业进行调查后可以发现，行业简化指数和品牌简化情况是被格外重视的，而且我们可以看到，一些大品牌的品牌化发展越来越简单，去除冗余，而对消费者来说，简化的品牌形象更有利于他们识记，品牌也就更容易做大做强。

在企业管理中，领导者要抓住关键点，不能布置太多任务给下属，应该摒弃那些复杂的东西，给员工一两个简洁的目标，然后让他执行，这样一来，员工就更能明确自己该怎么做，也就更能顺利与领导者沟通。

简化管理内容是领导者最重要的事，领导者首先要意识到这一点，才能真正在实践中做到。而在简化管理符号的时候，领导者应该让对方明确地知道自己做得好与不好，这样才能让员工感知到领导者的反馈，从而尽快调整自己的行为。

你的决策在点还是面

诸葛亮曾说："不谋万世，不足谋一时；不谋全局，不足谋一域。"作为企业领导者，要有宏观决策思维，站在整个企业的视角，从政治、经济、文化等方面判断行业发展大势，观察行业趋势走向和业态竞争的变化，并在此基础上对企业发展目标、业务策略等做出前瞻性思考和战略性谋划。

很多领导者只是从自身角度出发，从公司业务本身思考，这样会导致事项只集中在某一点上。如果宏观层面上发生变化，该点也会受到牵连。

全球化趋势和经济发展要求领导者能够清晰规划并做出准确判断，尤其面对与全球局势连接更紧密的情况时，领导者必须做出敏锐反应，一旦企业发生任何波动变化，都要快速分析问题并提出解决方案。

领导者可以使用SWOT模型进行分析。SWOT模型是分析企业优势（Strength）、劣势（Weakness）、机会（Opportunity）和威胁（Threat）的有效工具。优势着眼于企业自身实力，劣势主要和行业中其他竞争对手比较，机会和威胁更多来自于外部环境的变化。优势和劣势分析主要指企业比其他竞争对手更擅长做什么，需要考虑这种优势是短期的还是长期的，竞争对手面对这样的优势能否做出快速反应等。同时，一些软性因素如品牌影响力、人力资源、创新能力、企业文化等也可归入优劣势分析。

宏观机会是政治、经济、文化等发展为公司带来的行业趋势和机遇，威胁则是指宏观环境的变化给企业带来的挑战，这就要求领导者必须抓住机遇，避开威胁，顺势而上，取得优势，把不利影响降到最低。

马云曾说，当大家还看不懂某件事的发展的时候，这个机会就能赚钱。领导者要学会分析趋势，从变化多端的市场发现机会。马云甚至不懂互联网，但他凭着对事物判断的精准、预测的准确，最终走向成功。

在决策过程中，领导者要更加民主，让员工参与决策，这样才能让员工的工作更有积极主动性，也才能让决策更加合理科学。

这一过程并不需要员工们一致的观点，而是要求同存异，在更多人提出意见时进行思维碰撞，这是重大决策中防止失误的方法，也是力图得到更民主化的决策方案，能将该决策中可能出现的问题最大程度地挖掘出来。如此一来，领导者在管理中便能做到心中有数。

领导者要以大局为重，知道每一个决策都会影响企业的未来，所以一定要谨慎行事。领导者一定要用更长远的目光考虑问题，这样才能想得更全面，否则便会陷入较窄的视野中分析问题，导致决策出现偏差。

领导者既要民主，又要果断，虽然大家意见可能不一，但是领导者必须发挥自己的决策作用，该拍板的时候就拍板。决定之后，执行的时候就不要有任何犹豫和动摇。

当然，在执行过程中领导者不能太在意沉没成本。如果曾经的决策在执行中没有得到好的结果，领导者已经看到项目或投资不会取得理想效果，那么不如放弃此前的决策，适当抓住新机遇。如果领导者认为已经花费了那么多资金、人力和精力，如果不坚持下来就太可惜了，那么坚持到最后可能会输得更惨。面对损失，领导者应当平和对待，不要对沉没成本耿耿于怀，而要思考未来，明确什么是自己真正要做的事。

人格魅力传播

稻盛和夫说："我年轻时非常忙碌，我和部下联络也通过走廊谈话的方式进行，但这种应对方式后来出了问题。部下认为他确实说过，而我认为根本没有听到——这种事情发生过好几次以后，我取消了在走廊等地方接受部下报告的工作方式。"

"无论是中小企业还是大企业，领导者都需要具备个人魅力，让员工为你的个人魅力所吸引，信任你、钦佩你，愿意与你同甘共苦，这是经营中的第一要诀。可以说，从管理向领导力的转变，就是从制度驱使、自上而下的严密管理转向人格魅力引领。"

面对京瓷公司的 11 名新员工，对于奖金怎么发、工资怎么提升感到焦虑的稻盛和夫花了三天三夜与他们交流，最终明确了公司经营理念——追求全体员工物质与精神两方面的幸福。

稻盛和夫说："办企业的首要目的不是为了股东，也不是为个人，而是为员工。为了员工，我作为经营者正在拼命努力，希望员工们也能跟我一起努力，这就是我作为经营者基本的想法。"

那时因为公司刚刚创立不久，稻盛和夫给不出足够的加班费，员工经常工作到深夜，渐渐有些不满。这时，稻盛和夫便明确地告诉他们：公司刚刚成立，基础比较薄弱，大家努力是为了创造长期安心工作的条件，如果大家齐心协力，就会得到想要的待遇，但如果只强调个人待遇，不愿意同甘共苦，那就只能辞职了。

稻盛和夫看重领导者的高尚道德和情操，这在管理工作中会形成一种独特的感染力和影响力。这种影响力能使团队氛围更加和谐，奋斗时缺少杂念，更能安定团结、凝聚员工。

富兰克林·罗斯福是美国历史上唯一一位连任四届的总统，他是一个极具个人魅力的领导者。曾经有国会议员这样形容他：如果罗斯福要求自己从金门大桥上跳下去，2/3 的议员都会毫不犹豫地跳下去。这样讲也许有一定夸张成分，但是也足见罗斯福强大的影响力。尽管他的才能不一定是一流的，但他的个人魅力却是一流的，能让下属甘愿为他奉献。

领导者要注意员工工作时候的状态，和他们多进行沟通和交流。发号施令，只能让人服从，却不能让人服气。只有领导者立言立行，知行合一，具备真正健康高尚的人格才能赢得员工发自内心的拥护。

遇到危险时领导者需要主动站出来，不仅要沉着冷静地应对危机，还要勇于挑起重担，告诉员工自己永远与他们同在。这样一来，领导者的处事方式便会影响员工，激起他们的信任。

周恩来总理深入革命老区伯延了解民情时，发现公社主任安排的场面十分虚假，从中觉察到了浮夸和虚伪的风气。所以他坚决拒绝当地干部陪同，私下走访群众，让群众坦诚直言。这一举动帮助周总理获取了民心，他身上谦和睿智的气质和正义的情怀无不体现着他的人格魅力。

员工和领导者在相处过程中，必定会产生一定的情感。因此，领导者的思想和感情应当贴近员工，为员工着想，获得员工的拥护。而如果领导者总是让员工"背锅"，那么，员工疏远他便是必然的。

在管理过程中，不少领导者已经不再了解一线，思想早已陈旧过时，发号施令时员工便会感到不服气。因此，领导者要能够与时俱进，开拓创新，不断增加自己的知识积淀。

如果领导者总是抱怨员工太难管，布置了很多任务，员工的完成效果却不好，这就和领导者自身的人格魅力不够有关系。一个具备个人魅力的领导者不仅努力工作、任劳任怨，还要在员工遇到困难时，具备处理该问题的水准和能力，让员工将自己作为学习的对象。

从讲道理到讲故事

曾仕强曾说："你不要跟他讲道理，因为他只相信自己的道理，从来不相信别人的道理。所以领导者要给他面子，你不给他面子，他就蛮不讲理。"

一位企业领导者说，他在日常管理中最喜欢讲道理，每天也开会说这些道理，但是他后来发现讲道理根本解决不了问题，也就不讲了。

每个人都有各自的道理，所谓道理是没有标准的，由于没有标准，也就很难讲清楚。优秀的领导者懂得放弃形式，转而对结果负责。而将道理转化成故事，效果就要强得多，因为人类本身就是非常迷恋故事的动物。历史上的名人和知名品牌被人铭记或广为流传的原因就是因为他们会讲故事。领导者更该如此。

高情商的领导者动用的武器不是道理而是情绪，你可以向员工讲道理，讲一遍他懂了，如果他去做当然最好，但他如果不做，那么，不是他不懂这个道理，而是他不信任你的道理，如果他只相信自己的道理，那么你说多少遍都没有用。管理中最无效的就是对员工掏心掏肺讲道理，最聪明的老板是懂得讲故事的。

在《说故事的领导力量》一书中，作者提到，领导力和讲故事之间有着紧密关系，道理很简单：故事不是抽象的概念，说故事可以协助领导者像伙伴一样和他人展开合作，而不再只当对方是部属或单独的个体。讲故事拉近了领导者与员工之间的距离。

美国科学家加里·克莱因曾经研究过人是如何在极端紧急的情况下做出选择的，具备较大压力的专业人士如消防队员等在做出影响重大、事关生死的决策时，越是紧急情况，越难以理性地做出决策，而是用一些直觉的判断和类推的方法做出决断，所以克莱因事后提到：在实验中，领导者发现学到知识最有效的方法就是讲故事。在一些高难度任务挑战的情况下，讲故事能够减轻人们的压力，同时也能更好地传递知识和经验。

耐克公司就善用讲故事凝聚人心。20 世纪 70 年代，公司对新雇员进行的培训课程中，就有关于耐克公司历史传统的故事，领导者讲到一位退休的大学田径教练比尔·鲍尔曼为了给团队做出更好的跑鞋，把橡胶倒在家用制作红蛋奶饼的铁质模具中，制作成了一种新型的鞋底，这就是著名的华夫鞋的诞生过程，这个故事反映了耐克改革创新的精神。在耐克公司，所有员工都知道这个故事。耐克公司为了培养管理人员讲故事的技巧，还特意从好莱坞请来著名的编剧担任首席故事官，指导职业经理人讲故事。

马云也是一个讲故事的能手，他不光能讲自己的观点，还能把自己经历过的故事糅进去，这样就变得更加生动，人们也更爱听了。

马云曾在演讲中说："两年前,我们的上市价是 13.50 港元。在上市之前,许多股东找我说：马云,我们是长期投资者,请给我们多一些股份,我们不会卖掉的。结果阿里上市时,招股价是 13.50 港元,而仅在 24 小时内,股价就涨到了 40 港元,但我们并没有做有利于股价的事情。当金融危机来临的时候,我们的股价从 40 港元下跌到 3 港元,而在此期间我们也没有出现任何差错,但这些股东都消失了。"

"我记得 2000 年和 2001 年是最艰难的时候,当时只有一群人同我并肩作战,他们就是我的同事。他们说：马云,未来两年你不用给我发工资,我会和公司一起坚持到最后,因为你尊重领导者,因为客户需要领导者。"

"所以我想告诉大家的是,多关注员工,因为他们是有家庭有梦想的人,他们不只是为了工作而工作,他们还带着他们的梦想并与你共分享。"

而如果马云直接讲道理：在公司管理过程中,员工才是最重要的,不要太相信股东的话。很多人可能不会理解,而用讲故事的方法得出结论,人们就更容易信服。

我们看到,那些经营得好的公众号,通常也是从故事引出道理给人启发。会讲故事的人能在很短的时间里聚集大量的人气和粉丝,而很多领导者在管理过程中缺乏讲故事的能力,他们似乎忘记了员工都是有感情的,讲故事的本质是为了动之以情、晓之以理,为员工创造共情的环境。

如今,企业文化显得越发重要,文化并非冷冰冰的、机械式的,而应该是温暖的、有人情味的,在企业文化指导下,领导者也需要具备更强的讲故事能力,把自己的目标愿景以及企业的规范用故事形式传达给员工,用人情味留住人才。不会讲故事,就没法做好新时代的领导者。

保持纯粹的工作环境

工作环境是在员工之间日渐形成的有特色的可以被员工感知的气氛和

环境，这种环境包括领导方式、员工间的相处关系、心理互融程度等，是一种软性的人文环境，主要指团队成员言行举止带来的传播影响，而非办公空间的设计装饰等营造出来的感受。领导者营造良好纯粹的工作环境能够体现自己的人文情怀，体现对员工的关心和尊重。

纯粹的工作环境能使人际关系更加融洽，激励员工努力工作，反之就会让人感到压抑，缺乏工作热情。

一家公司的工作氛围和环境非常重要，如果事情安排得十分紧凑，每天员工都干得热火朝天，做事有条不紊，效率又高，那么对于新人来说能起到很好的锻炼作用，在完成一件事情时，他也会感到拥有极强的荣誉感。

领导者一定要重视公司环境对人造成的影响，第一个带头破坏规矩的员工一定要严惩。同时，领导者必须善于观察公司的环境是否发生了变化，比如员工下了班不愿做一些有益的运动或充电学习，反而常常打麻将、酗酒、聚众赌博等，这些行为似乎与工作没有直接关系，但一个消极怠惰的员工对公司团队的影响是巨大的。领导者察觉之后一定要想办法解决，使团队环境更加良好纯粹。

作为领导者，自己首先应当参与其中，如果无法深度参与，可以找到团队中的活跃分子活络气氛，提升团队的良好氛围。

当然，这只是形式上的关怀，要想同事之间具备革命友谊，团队一定要共同克服过困难、完成过大项目，在遇到困难时互帮互助，或为了产品上线共同加过班，共同奋斗过。完成挑战极大的工作项目后，团队不仅会拥有成就感，也会产生一种天然的凝聚力。

领导者一定要关注员工成长，在平时协作的过程中，领导者要观察每个人的工作状态以及情绪等，发掘主动成长和有成长潜力的员工，并为他们规划好成长路径。

在职场中，因为每个人站的角度不一样，所以沟通不一定很顺畅。大家有时候是带着情绪在工作，如果不能团结起来，那么也就没办法克服困难。

阿里有一个很棒的工作氛围，一旦员工发现问题，相关员工都会第一时间去解决，除非这个问题根本解决不了。所以，尽管阿里不强制加班，但是每个月员工都愿意尽早推出产品，因为这样更容易赢得同事尊重。因此，刚进去的新人也能感受到强烈的社会责任感，一旦自己负责的系统出了问题可能意味着数以万计的用户受到影响，所以每个人都不敢怠慢。在阿里，即便是高管或技术专家也总是会在各个场所查看问题，尽管有的在机场，有的在度假，甚至有的在婚礼现场。

管理要有仪式感

咪蒙曾经在文章中讲到，管理需要有仪式感。"刚创业的时候，我面试了一个员工，觉得他还不错，让他第二天来上班。结果他上了一天班，就再也不来了。他没有给人力资源或者我交代过一句话。我当时很生气，觉得他太不靠谱了。"

这种情况在很多公司都出现过，员工不打招呼就走，说明他们感受不到公司带给他的仪式感。

比如在入职时，不能只有人事部门和领导知道，而要用正式的仪式告知，员工入职前要发邮件，员工加入公司后，最好能在公众场合向别人介绍他，并让新人在公众场合做一个自我介绍。有的员工入职只是简单在公司微信群里打个招呼，其他部门甚至自己部门的人都对他很陌生。这样一来，团队就不可能有凝聚力，新员工也没有归属感。

亚马逊最初创业时是在简陋的车间，领导者把电脑和铃声连接在一起，一旦铃声响起，就意味着亚马逊又卖出了几本书籍，这在公司初创时始终激励着员工不断努力。

在团队中，一旦有人做出了较大贡献，一定要集体表彰，形成正向反馈，当然，在此之前一定要提前公开评判的标准，不要让员工认为奖惩都是领导自己内定的，在原则公平的情况下给予员工一定的仪式感，如果一个人在做事过程中能得到正向反馈，那么他对于完成这件事就更有信心，也更加积极。

当团队共同完成一项艰难的工作任务时，领导者可以奖励他们去吃一顿大餐或者去看一部好电影，这都是团队的仪式感，能够给员工正向激励，表明领导者认可了他们的成功。

如果员工在做事过程中只能得到负向反馈，便会感到煎熬痛苦，不利于他完成工作任务。领导者可以用荣誉称号或升职加薪给予员工激励，让他拥有自己的个人品牌和个人声誉，这样一来，他会更加主动去维护自己的形象。

笔者见到的一些员工流失率极低的企业，在团队建设过程中都具备较强的仪式感。比如员工结婚，公司会为他准备红包及礼物，并让全体员工录制祝福视频给他一些小惊喜，这种人文关怀会使员工感到被关爱、被尊重，从而使团队间的情感连接更加紧密。

发放礼物要讲究节点，比如情人节的早晨，提前在他们桌上放上一枝鲜花，让员工感到惊喜。再如一家餐厅给员工的福利是帮他们购买回家的火车票，如果火车票太难买，就提前让那些员工回家。让员工提前回家只是一件小事，但这个福利为员工提供的便利却是极大的。

当然，一些领导者认为"90后"讨厌形式主义，可能不需要仪式感，但恰恰相反。伏牛堂创始人张天一认为："有人说90后是去仪式化、反流程的群体，我不这么看，他们被认可、被关注的需求更加突出，更需要仪式和流程化的东西。"

在圣－埃克苏佩里的著作《小王子》中，小王子和他驯养的小狐狸之间就有一种仪式般的爱，令人动容。小王子在驯养小狐狸第二天时，小狐狸就对他说："你每天最好在相同的时间来。你下午四点钟来，那么从三点钟起，我就开始感到幸福。时间越临近，我就越感到幸福。到了四点钟的时候，我就会坐立不安；我就会发现幸福的代价。但是，如果你随便什么时候来，我就不知道在什么时候该准备好我的心情……应当有一定的仪式。"

"仪式是什么？"小王子问道。

　　"这也是经常被遗忘的事情。"小狐狸说，"它就是使某一天与其他日子不同，使某一时刻与其他时刻不同。"

　　节假日回来后重新投入工作，领导者可以用一些小的具有仪式感的活动，让员工发生变化，重新把自己的思考能力和专注能力提到一个全新的状态。

第四章

极简组织管理

生态型、平台化管理

互联网 1.0 时代以信息流为主，改造的是媒体广告等业态。互联网 2.0 时代，供应链较短的服务业被改造，生活服务等开始线上线下联动。互联网 3.0 时代，产业互联网能够改造供应链较长的制造业，从制造端到营销端，研发、设计、采购、生产各环节都可以通过互联网提高效率，这时会形成一个产业生态圈，传统意义中协同效率降低、市场反应较慢的大企业病被抛弃。

各个要素重新组成平台化、生态化的价值网络，行业竞争也明显生态化，只有打造平台型的生态企业才有望做大做强。以阿里巴巴的生态布局为例，它拥有淘宝、天猫、阿里巴巴等 C2C、B2C、B2B 的战略布局，另外通过菜鸟、支付宝、阿里妈妈等构建完善的战术系统，当然，阿里还通过投资进行战略性布局，流量机制和交易机制在阿里的战略地图中是基本生态武器。

腾讯则是一种共生性的开放平台生态，它通过基础设施的分享形成应用的共赢机制。腾讯以流量系统为入口，通过 QQ、微信等超级流量平台赋能其他应用。构建生态是一个长期的过程，多数领导者面对这样长期艰巨的选择常常容易畏难，并转而选择更容易实施的商业模式。

生态效应能够在高效率和低成本的技术支持下极大地提高资源调度、价值共享和自身增长幅度。而生态型企业成为未来发展趋势，是因为社会的高度分工以及许多产业仍然存在着信息不对称，平台化生态型企业能够进一步降低交易成本，减少信息不对称，减少无效的浪费。平台通常开始于供需双方的连接，继而需要不断发展产品和服务，让它们的联系更加紧密。只有参与的人数越多，平台才越有黏性和效率，越能发展成巨大的生态系统。

BAT 都开始于双方的需求联系，但最终都发展为多边关系，使得生态圈越做越大。

和君咨询合伙人贺陈鹏曾针对生态型企业做出研究。他认为，生态型企业包含三个方面：第一，业务生态化，它的本质是打破产业边界，重构用户价值，也就是以迭代适应外部环境，重新建立产品功能，锁定并放大业务价值，就像乐视曾经形成平台加内容再加终端的应用生态系统，而这个生态系统是基于视频产业链、硬件产业链和技术支撑链的综合体。在业务之间相互联系，互相服务，就能够重构业务间的内在逻辑，推动业务发展。因此，领导者要想使业务生态化，需重新审视行业发展形势，制定针对自身生态特征的发展战略，将业务组合梳理调整并优化，使业务之间互相带动，互相影响，引领企业发展。

第二，管理生态化，这种生态化企业要形成独特的机制，让企业在面对未来不确定性时，通过市场化竞争激发活力，保证以自组织和差异化管理为重要特征的适度失控，所以生态型企业的管理其实比传统企业要更具市场化思维。

第三，外部资源的生态化，把不同企业之间的利益边界打破，所有合作伙伴都能共享资源，这是一种产业链协同的逻辑。全方位识别核心合作的资源，才能够实现共赢。

生态型企业能够更多地发展顶尖人才战略和强大的组织逻辑，这种策略可以获取顶尖人才，并把他们的价值提升到前所未有的高度。用人才时能够承接平台的模式进行扩张裂变，产生核心竞争力。

自主经营体

海尔集团实施人单合一为管理核心和组织载体的自主经营体，并将它作为基本创新单元。自主经营体指的是以创造并满足用户使用需求为目标，以相互承诺的契约关系为纽带，共创价值并共享价值，并以此为导向的自主经营组织。每个自主经营体都拥有自主的权利，能够决定用人和独立分配，独自核算报表，但同时他们要在市场中创造价值。

在海尔，自主经营体分为三级，一级是一线经营体，其他两个分别是二级平台经营体和三级战略经营体。直接面对用户的是一级经营体，他们必须对市场负责，直接对用户负责。自主经营体成员必须把自己的经营费用赚回来，赚够企业的利润，然后进行自我分成。二级平台经营体为一线经营体提供资源和服务支持，三级战略经营体负责战略方向的制定并发现新的市场机会，为其他经营体配置资源，帮助一级、二级经营体达成目标。这三级经营体依靠服务企业的方式实现资源协同。

海尔集团在组建自主经营体的过程中，首先建立样板经营体，从一个型号、一个区域、一条生产线开始突破，在实践中自然形成。比如2009年，在四川省组建的海尔集团第一个冰箱农村市场自主经营体就是为了满足农村用户的需求，由三个策划研发物流平台负责人共同发起。家电下乡时，他们发现农民也需要一些高端冰箱，于是，团队倒逼全流程资源，成功研发低价位高性能的三门变温冰箱，受到极大欢迎。凭借这一突破，海尔冰箱在农村市场实现40%的高增长，有了这个样板以后，要把一级自主经营体和二、三级经营体结合起来，也就是把一级经营体的做法在二级经营体中形成手册，并由二级经营体持续为它提供资源，三级经营体则在更高层面指导不同经营体之间的相互协作。

这种做法一旦形成制度、流程，被固化下来后，各自主经营体便能够独立核算，自负盈亏，为整个集团带来源源不断的活力。接下来就是复制样板，把样板经营体的做法和形成的手册、流程复制到整个集团，确保自主经营的有序发展，同时他们之间的发展都不偏离集团的战略方向。

当然，集团在给予支持的情况下，自主经营体依然要根据市场自负盈亏，以竞争的方式淘汰。不过这种经营体如果取得利润，员工就能实现价值，并且获得更高的报酬。一旦虚拟的自主经营体经营不善，就会被同级经营体兼并或重组。海尔还建立了自主经营体的竞聘机制，通过员工的预算预案和预筹来判断他们的目标和计划是否具有可行性，从而判断是否竞聘成功。一旦确定自主经营体的成员，成员们就可以互选领导和员工。但自主经营体需要具备退出机制，达不到既定目标，后10位需要末位淘汰。

海尔的做法使整个集团的金字塔型组织结构变成扁平化的三级自主经营体结构。从前员工只能被动听从领导的指挥，完成领导的目标。现在员工可以主动创造价值，完成自己所定的目标。这时，管理的任务就不是下达指标了，而是按照经营体中一线员工的需求，协助整合资源，每个人都能成为自己的CEO。

总体来看，海尔的变革之路基本可以归结为自主经营体发展之路。把企业划分为若干个组织单元，让他们拥有自己的经营权、决策权和分配权，就能在很大程度上激发他们的活力，提高他们的自主能动性。

如今，越来越多企业效仿海尔打造自己的自主经营体，试图在传统管理中开辟一片新天地。其实，尝试打造企业内部的自主经营体不失为活跃团队的一种好方法，领导者可以基于此，将企业与员工的利益深度绑定，从而极大地激发员工积极性。

目标统一原则

你有没有问过自己，你的组织方式是否支持公司目标的达成？而目标又在多大程度上支持战略执行？你的战略目标和组织能力是否始终同步？柯达就是典型的反面案例，虽然员工实力突出，还开发了数字摄影技术，但它把目标重心与更多的员工都放在了电影上。人力分配、战略方向和目标都偏离了新的主流趋势，最终只能被市场淘汰。

目标管理是企业最高层领导制定的，在一定时期内企业期望达到的总目标，然后由各部门和全体员工依据总部的要求制定各自的分目标并积极主动地制定实现这些目标的管理方法。

目标管理最早由管理大师德鲁克提出，它以目标为导向，以人为中心，以成果为标准，目的是让组织和个人都取得最佳业绩。德鲁克认为，并不是有了工作才有目标，恰恰相反，有了目标才能确定每个人的工作。可以说，不设定目标，组织内就会产生很多无效工作。

领导者在统一目标的过程中，最好能让员工参与目标的制定，这符合员工的期望理论。渴求满足一定需要、达成一定目标，才能激发人的动机，而激发力量大小来自于目标价值和期望概率。

因此，从目标管理的特点来看，领导者需要员工理解并且足够重视工作内容，这样每个人都会希望通过努力达成预期目标，从而产生强大的信心。目标管理的一个特点就是在管理过程中实现自我控制，当职责和工作明确后，才能比较目前工作和希望结果之间的差距，并做出一定的改进，这就需要员工用自我控制来代替别人的管理。同时，上下级应当平等尊重、互相信赖，如此一来，员工被授权之后才能积极主动地完成任务。

目标不应是单一的，而是统一的、系统的，应当把组织的整体目标逐级分解，转换为各小组和每个员工的分目标。分解目标的过程就是权利、责任、利益不断明确的过程，只有目标方向统一且一致，大家才能相互配合、协调。

要知道，领导者很难统一思想，但是统一目标相对容易，领导者应当把目标管理和绩效管理结合起来，从而提高员工积极性，提升业绩。

在制定统一目标的过程中，领导者一定要量化工作内容和工作各个节点，设置 KPI 关键数据。抓住关键数据才能让自己工作起来更有条理。如果领导者没有设定统一的目标，只用权力施压，那么这也违背了目标统一的原则。

统一目标不是某一个环节的事，而是多个环节的计划，需要领导者认识到制定统一目标的重要性，明确企业未来的发展方向。

目标需要具有一定挑战性，让员工通过努力才能达到，如此才有利于员工发挥主观能动性并得到成长。而一旦攻克难关、实现目标，员工就会在心理上产生满足感和自豪感，继续发挥热情，承担新的任务。

对于目标需要的条件和实现目标后的奖惩事宜，领导者应与员工达成一定的协议，完成目标后，要按规则奖励员工。

结构化思维

有这样一个真实场景：

开会时，营销负责人说：我们的订单早就发给生产部门了，可生产部门一而再再而三地拖延，我们找客户商量，让客户宽限几天，客户答应了，没想到时限已过，生产部还是没有交付产品，由于订单迟迟未能交付，长期客户要把订单全部取消，你们说该怎么办？我们这里实在拖不起了。

老板一听就急了，询问生产部门：怎么回事？你们怎么搞的？

生产部负责人争辩道：这不是我们的问题，我们没有原材料，无法生产。收到订单后我们马上就把物料采购单子递交给采购部了，但采购人员迟迟不给物料，生产部无法生产。

老板又去询问采购部，采购部说：我们部门也没问题，物料早就选好了，但财务部迟迟不付款。我们还做了详细的付款计划，您也批了，但财务部就是不划钱。物料方对我们也没有耐心了。

财务部听完更生气，说：你们以为我想付就能马上付吗？账上现在一共就 500 万元，还都要拿来发工资。我们天天拆东墙补西墙，但实在拿不出采购物料的钱了，要我说还是营销部的问题，货发出去了，款项迟迟收不回来，领导者哪有钱用于其他项目运转？

我们看到，这是企业管理当中常常遇到的责任扯皮，似乎每一环节都有问题，又似乎每一环节都没问题。作为领导者，有时很难找到准确的解决办法。所以，在处理这些管理事项时，领导者思维是否具备结构化层次，决定了他能否找到真正的原因所在，真正解决问题。

在一个事项中，总有很多零散的信息，领导者要能从这些表面信息中发现关联结构，然后从结果出发推导原因，运用归纳和演绎的方法，找到内在的联系，获得一个时间或一个问题的整体结构。

结构化思维是领导者在面对工作任务和难题时，能从多个侧面进行思考，深刻分析导致问题出现的原因，并系统地制定方案，采取恰当手段，让员工的工作能够高效开展且取得好成绩的思维方式。

领导者要学会训练自己的思维，养成全面考虑问题的习惯，如果能有多个方案，就可以在这些方案里做出最好的选择，然后再执行。一些领导者会直接陷入细节工作，缺少系统考量。这种对结构性思维本身很少思考的领导者，看似做了很多工作，但却容易耗费很长时间，而且许多工作的成果也是不尽如人意。

归纳是从复杂到简单的过程演绎，是从无到有的过程。管理中的混沌必须要有领导者从杂乱无章、不断变化的需求中，持续察觉，给予关注，进行分类，并且排出优先顺序。

人脑在处理信息时难以承受太多信息，否则就会负荷过大，同时，人脑喜欢有规律的信息，这便于记忆，所以如果领导者在面对细碎问题的时候，能够找到一个大的框架结构，把所有信息放进去，让问题都显得整齐有序，那么就会大大减轻领导者的负担，领导者就更容易判断问题出在哪里。

因此，领导者需要一套面对复杂问题，能够抓住关键节点，知晓最优路径的结构化框架指导。领导者的目标和计划可以拆解为所需资源、什么时候做、如何做以及由谁来实现，同时对这项计划进行风险分析。风险并不可怕，可怕的是对风险存在侥幸心理，当领导者明确目标和风险后，就要制定概要计划和详细计划，也就是整体和细节部分的实施内容。紧接着领导者应该将目光聚焦在结果上，并激发员工的热情，控制好员工的项目进展节奏，保证结果的持续交付。

接下来，领导者需要明确自己的阶段目标，根据目标进行合理的计划和有效的控制，并进行人员和工作的调配。领导者不需要亲力亲为，而是要通过管理他人的技巧来实现自己的目标，所以他应当了解团队成员，知晓他们的优劣势，并根据他们的特点进行工作分配，对他们进行组织激励和考核，通过这些方式，使人力资源实现增值，从而达到目标。

形成标准化流程

海尔曾和日本三菱重工合作，张瑞敏看到日方带来的一整套日式的管理方法，摇了摇头，告诉日本人他们的方法不行。张瑞敏说："你现在就到十字路口看看，红灯亮了，人们照样往前闯，你这几条规定行不通。"

三个月之后，日本人真的意识到他们的管理方法不行，于是来询问张瑞敏。张瑞敏一针见血地指出问题："如果训练一个日本人，让他每天擦6遍桌子，他一定会照做；而一个中国人开始会擦6遍，慢慢觉得5遍、4遍也可以，后来索性就不擦了。"由于中国人和日本人做事有不同特点，在中国，领导者必须建立一套标准化的管理流程和机制，以保证公司在没有领导者的情况下依然能够良好运转。

因此，领导者要想做好管理，必须针对岗位特点制定出一套标准。这套标准需要明确每个部门的责任和权利以及他们做事的上限和下限。"标准"这个词由被誉为科学管理之父的弗雷德里克·温斯洛·泰勒在1900年提出，最初，他用工人搬砖的实验来说明什么是标准化管理，那时候，标准化管理也叫动作管理，现在被称为行为管理。

在中国，很少有饮食文化能够走出国门，原因就是企业管理缺少标准，麦当劳、肯德基正是因为有了标准化，所以才能实现流水线作业，进行大量复制。在麦当劳，标准化生产就是标准化流程，员工每一次加工的动作都要按照标准来做，这就是其核心管理方法，另外，领导者要让团队明确流程。比如搬砖，什么时候搬这块砖，搬到什么地方去？这个过程就是流程，流程和标准相互联系。而要想做到更好的管理，小公司要简化流程，大公司要规范流程，千万不要把流程做得太过复杂，否则会越管理越乱。

比如在培养销售团队时，原本的模式是"老带新传帮带"，但在这个过程中，由于没有工作标准，所以无法规模化复制。"教会徒弟，饿死师傅"，这种潜在竞争使得师傅不会将所有本领传授给徒弟，而且在这个过程中还很容易出现拉帮结派的现象。

要想带好销售团队，必须把现有的销售专业知识导入，做好整合，形成标准化模块，然后进行分工，并将作业计划进度表制定好，领导者在员工执行过程中，进行指导和跟进。接下来便要进行实践验证，在实践过程中不断地优化模块，改进流程，最终形成统一标准。

屈臣氏于 1828 年诞生于中国香港，1989 年首次在内地开店，用了 15 年时间才建了 100 家分店，但在接下来的 5 年时间竟然建设了 900 家店，平均两天就有一家新店开业。为什么屈臣氏能够高速开店并保持正常运营？这正是因为屈臣氏在对中国内地市场深入研究之后，摸索出了一套标准化的执行方案，利用这套方案就可以快速复制。

因此，我们发现，任何一家屈臣氏店铺的经营面积虽有差异，但其他方面如店铺门面、墙壁颜色、布局、员工服装、促销活动等完全一样。为了给顾客更加良好的购物体验，屈臣氏的店铺陈列标准如下：

（1）屈臣氏店铺主要有三种"购物体验"：美态（专柜、非开架陈列、护肤品及饰品）；欢乐（护发、沐浴、口腔、男士用品、纸制品、小工具、小食品）；健康（药房、卫生用品）。在布局中，以上产品需要共同陈列，也就是说，不可分开陈列，例如口腔护理用品不脱离日用品陈列，护肤品不脱离化妆品陈列。

（2）化妆品作为主要大类应陈列于各店铺前部。

（3）药房及日用品作为"目标购物"部门，可陈列于各店铺的后部。

（4）化妆品和护肤品作为提供近似购物体验的部门，应陈列在一起，而药房作为一个整体部门，在陈列上就显得灵活了很多。

（5）婴儿用品作为药品和日用品的"桥梁"部门，陈列于两者之间或者邻近两者之一。最理想的是如果布局允许，陈列于药房的一侧。

（6）食品部门总是陈列于收银台旁边。

（7）杂样产品规划为"欢乐"部门之一，主要陈列于高客流的位置，通常紧邻主通道或者收银台。

（8）愉快购物体验放在第一位，将所有的相关产品共同陈列，最大限度地利用每一米货架（促销商品）。

除了商品陈列外，屈臣氏也致力于将服务标准化，提升顾客满意度和忠诚度。屈臣氏的顾客服务标准如下：

（1）"欢迎光临！有什么可以帮到您？"所有员工必须对来店的顾客打招呼。跟顾客打招呼一要微笑，二要眼神接触。屈臣氏的管理层还注意到，有眼神接触的招呼才是有效的，才能让顾客感觉是有诚意的。

（2）递购物篮。当发现顾客手中的物品超过两件时，第一时间问顾客是否需要购物篮，当发现顾客提满一篮商品时，帮其拿到收银台，这一切都需要在日常服务要求中不停地强调，不停地执行，让顾客时时感受到被关心，被重视。

（3）收银服务。收银服务是屈臣氏非常关注的一项服务，屈臣氏发现，顾客由于各种原因，在购物的时候最怕的是排队付款，所以屈臣氏要求，在收银台前，一般不能有超过5个顾客排队买单，如果出现这种情况，必须马上呼叫其他员工帮忙，在得知帮忙需求时，无论员工在忙什么，都会第一时间赶到收银台，解决收银排队问题。

这些要求简单易行，容易掌握，将它标准化之后又非常有效。为了保证执行过程中，屈臣氏的店铺都能按标准化执行，屈臣氏除了让管理人员日常监督外，还采用了神秘顾客的方式，让监督人员冒充顾客，监督员工服务。之后将根据神秘顾客调查结果对员工进行评分，并严格奖惩。

绩效管理场景

作为领导者，你有没有思考过，你的员工是否存在干好干坏、干多干少一个样的情况？你的员工有没有曾经抱怨过公司评价不公正，阻碍了他的发展？公司有没有有力的激励措施？措施是否有效？你的员工是否发挥了足够大的潜力？

这几条都和绩效管理有关，其实大部分企业都在使用绩效管理方法，但是在绩效管理中也会遇到一系列的问题。

在人力资源的管理中，绩效管理处于核心地位。绩效目标体现着公司发展的战略导向。

通过绩效，优秀员工可以被甄别出来，同时淘汰掉不合格的员工，以此促进组织绩效和个人绩效的提升。在绩效管理过程中，领导者应该从公司整体利益出发，以提高工作效率为基础目标，不断优化公司的管理流程和业务流程。

在绩效管理体系里主要包含了四个阶段：岗位分层分类、任务指标落实与下达、过程检查监督、结果反馈落实。

要知道，领导者是绩效管理第一负责人，虽然在一些公司，绩效管理被划归人力资源部，但是绩效结果不如意，不能全部推给 HR。绩效管理的对象是组织绩效和个人绩效，都与业务成绩息息相关，所以业务做得好与否，最主要的责任人就是该组织的领导者。一旦业务出了问题，领导者应该第一时间想出解决方案。

具体绩效目标可以参考两个维度：首先，今年的目标不能低于去年，其次，今年的目标不能低于所在行业的发展速度。然后，再将其细分到具体类别，比如制定财务指标、销售额、利润率、投资回报率等。

但财务指标通常是滞后型的，在经营期间如果出现问题，期末的财务指标才能反映出来，到那时可能已经来不及补救了，流程指标则是实时的，可以随时反映企业在经营过程中出现的问题。流程性指标包括产品周转率、应收账款周转率等。客户指标包括客户满意度、售后服务满意度，当然，这些目标并不是越多越好。

那么，要想做好绩效管理，领导者首先需要让员工明白绩效管理到底有什么意义，它不只是条条框框，还是一种绩效文化，能够帮助员工获得成长。让员工从被动转为主动，从"要我做"变为"我要做"，这样才能使他们不仅完成绩效目标，还能使自己受益。

另外，在绩效管理中，组织目标和个人目标应该具有一致性，达成多赢的结果。通常领导者需要召开一些沟通会，以确保每个人对组织整体目标和个人目标充分理解，并做好权责划分，这样才能共同作战完成最终目标。

要知道，绩效管理的内容和方式要恰当，绩效管理本身在于激励和约束的平衡，要员工自我管理自我控制。如果绩效目标定得过高，员工会丧失信心，但若目标过低，又不利于企业发展和员工成长。所以，在制定绩效目标时，领导者要充分评估外部环境，并对内部资源条件做出详细的分析。

目标数量控制在 6~7 项比较科学合理。一些公司制定出了组织的整体绩效目标，就要把它公布，希望每个人都能做到，但这种方式是无效的，让这些目标和员工的激励相关联才能真正激励员工。

当然，绩效目标并非一旦设定就固定不变，尤其对于年度目标而言，在一年时间里，外部市场可能会发生巨大变化，需要领导者对其密切关注，进行动态预测。比如，企业制定当年销售额在 1 亿元，但是在实际操作过程中发现今年行业其实特别好，竞争对手的业绩比去年翻了一倍，所以如果还按照原来的绩效目标，一到年底，整体业绩就会被众多公司甩在身后。这就需要领导者不断调整绩效目标，跟上市场和行业的发展。

另外，绩效目标落实到个人之后，许多领导就认为能够一劳永逸。但目标制定得再漂亮，若缺乏一定的监管体系，就会让绩效目标变成一纸空文，尤其是年度绩效目标，不能在一年结束之后再进行绩效考核，为了确保这个目标的达成，通常会把年度绩效拆解成季度、月份和每周的绩效。但考核强度不能过大，频率不能过高，否则就会给员工带来许多工作压力。分解目标是为了让领导者及时了解员工的绩效状况，根据具体执行情况帮助员工。

在评估过程中，除了衡量数字，领导者还应监管员工工作的过程。如果员工为了完成指标做出不符合公司文化价值观的事，领导就要引起重视，严惩不贷。一些领导者经常会犯一个错误：凡事只用绩效目标说话。但如果只看数字、看业务指标，员工就会不择手段达成目标，这对企业的长期发展是不利的。

同时，在绩效实施过程中，一定要注意对员工奖罚分明、要有信用，如果员工完成了绩效目标，却不兑现奖励，员工没有完成目标，也不给予任何惩罚，久而久之，员工就会对领导者失去信心，最终不愿竭尽全力。

组织柔性化

柔性化管理最早在 20 世纪 30 年代由经济学家提出，那时，经济学家们发现，官僚主义和中心化管理方式基本失效，这就促使他们关注组织的柔性化。

小米公司快速崛起是因为他们有新的玩法。小米对客户相当重视，客户本身也是营销者，小米论坛就是客服战略的根据地，微博和微信都有客服的职能，所以小米在微博客服上有个规定，15 分钟内必须快速响应，哪怕有用户在微博上进行吐槽，小米人员都会进行回复和解答，这让许多用户感到十分惊讶。

当然，技术也可以具备一定的柔性特征。如腾讯、小米等许多公司，一开始其产品总有许多小问题，但他们能够快速更新迭代，在不断进行版本升级后，便朝着大家认可和喜爱的方向不断改进，一路狂奔，这就是生产制造过程当中柔性管理的典范。

实际上，越是大公司越是要注意去权威化、去中心化，千万不要搞家族企业那一套——凡事都由领导者一人说了算，而应该集合所有人的智慧。

在大公司，领导关系更需要避免僵化。随着市场变化，企业随时可能出现一些虚拟组织、项目小组和网络组织，面对这些临时成立的组织，就会有临时的领导调整。

领导者要能适时为组织成员贴标签，让组织成员依据自己的兴趣特长在组织单元中自由切换，如果临时需要组建团队和部门，领导者能够依据他们明确的专业标签，像搭积木一样，快速准确地搭建出符合经营需求的组织结构。这就需要领导者熟悉团队成员的知识技能，并进行人力资源调配。

而一些公司甚至已经逐渐形成无边界组织，组织职权无边界，上下级界限模糊，员工可能经常轮岗，没有门户隔阂；或者是组织无边界，比如组织所在的地域范围非常宽广，总部在一个国家，研发部门则在另一个国家。这种组织结构的扁平化和网络化就是柔性管理的一种特征，在柔性组织当中，决策的人不仅是带有强烈主观色彩的高层领导者，还包括了专家和员工，在充分民主化的基础上，经过广泛讨论形成决策事项。与此同时，领导者将管理权限下放到基层，由基层组织自己解决。

在谷歌，员工们对组织等级不屑一顾。为了防止过度管理，他们采用了柔性管理制度。"当你的团队有 30 个人时，你所拥有的干预空间并不多，因此为确保团队正常运转，你必须想方设法为工程师们创造最佳工作环境。"

为了推动创新，谷歌给普通员工很大的空间。相比追求升职加薪的员工来说，他们让技术专家感觉到更大程度上的自由和被尊重，从而能够激发他们的创意。在谷歌，只要技术人员有令人信服的逻辑数据，就可以让公司上下都听从他的想法，服从他的决定。毫无质疑地接受上级的命令，这种情况在谷歌几乎不存在。

谷歌的领导者在招聘时特别注重个人精神。他们希望招聘充满抱负、拥有较强主观能动性、有独立思考精神的年轻员工，与公司文化相契合，具有主动性、灵活性和协作的精神。领导者不希望员工只是能够汇报情况和提问："如果全是数据，组织将陷入泥塘。相反，我希望领导者能够成为假设驱动（Hypothesis-driven）的人，对数据提出质疑，帮助公司解决问题。"

砍掉虚设组织

在一些企业，一些老员工年纪大了不愿意干活，似乎只能把他们闲置，这种情况更常发生在国有企业，那么，应当怎么安置这些人才能让企业保持高速发展呢？这就需要精简组织、裁撤员工，否则长久养闲人将为企业带来巨大的不良后果。在长期的管理实践中，用人原则有以下两个：

第一，要精减人员，尽可能地压缩编制，比如5个人能做的事绝对不用6个人，10个人能做的事绝对不用11个人，这样才能保证每个人做事效率提高。公司人数越多，有时候冗余就越多，也就越成为阻碍。

实际上，企业真有那么多事要做吗？领导者要先搞清楚这件事，再相应地砍掉员工。让每个人都处在饥渴状态中，激发员工的激情和斗志，这样才能让员工把所有精力都集中在最关键的地方，提升每个人的工作效率。

领导者都有过这样的经历，本来一个月要完成的事情，因一直拖拖拉拉，直到最终截止日期的前两天，才提高效率把事情完成，但效果没有差别。

第二，在精减员工的基础上给予员工较好待遇，留住员工。员工一旦离职，再去招聘，新员工需要重新熟悉业务，投入成本是巨大的，不如拿出成本的一小部分在现有员工身上，留住人才。

华为任正非曾在会议中提到：华为前30年过得太顺利，一直处于战略扩张阶段，组织也在恶性扩张，需要重新审视，面对现实困境，为了全局性胜利，未来必须进行组织精简。

其实工作中真的需要那么多组织吗？优化组织结构、设立规章制度是为了提高执行力，而不是让公司越来越复杂，要记住"Less is more"，精简才能产生最佳效益。

股神巴菲特的公司，一直以来总部都只有20多名员工。他说："一个公司如果有太多领导层，反而会分散大家的注意力。公司规模过大还会令许多组织变得思维迟钝、不愿改变和自鸣得意"，"一个机构精干的组织会把时间都花在打理业务上，而不是花在协调人际关系上"。

第五章

极简目标管理

预测变化

1995 年马云刚开始创业的时候，全世界的互联网用户还不到 5 万人，而到今天，全世界使用互联网的人口已经超过了 20 亿。刚创业时，马云在西湖边与朋友聊天时曾说过：将来会有一个新的世界诞生，这个世界会被称为虚拟世界，这个世界会有一个新大陆，所有人都会在网络上发生关联。如今，真的诞生了一个新的世界，一个新的网络经济体。

马云善于预测未来，也正因为他意识到他正在做的事情能使未来商业发生天翻地覆的变化，因此才在无数人看不懂的时候坚持下去，直到现在，为互联网行业带来了繁荣。

管理就是要预测未来风险并找到风控措施，所以领导者需要探索未来。

松下幸之助曾认为，领导者要有认清时代潮流的眼光和预知环境变迁的能力，才能想出因势利导的方法，有先声夺人的气势，他提出，领导者要是没有展望未来的眼光，就没有资格当别人的指挥者。

领导者必须能够快速反应，了解事物发展的规律，并且能够根据事物发展的规律进行改进，这就要求领导者能够收集大量行业资料，真正了解行业。

抗日战争时期，毛泽东写下了名篇《论持久战》，在战争初期，运用预测手段为抗日战争指明方向，他认为战争将从战略防御到战略相持，再转入战略反攻。这种卓越的预测为之后的战争胜利做出了很大贡献。要想做出正确的预测，领导者必须基于不同时段的信息做出判断，来自过去的信息、现在的信息和即将产生的信息都要收集，这样领导者才能更加适应社会发展的需要。

华为多年高速发展的背后，正是任正非预测的准确性和前瞻性。世界知识产权组织曾发布了一项数据，2018 年全球通过该组织申请的国际专利数量达到创纪录的 25.3 万件，其中中国华为的专利位居全球第一，申请量高达 5405 件。

再联想华为这些年的业务和财务数据涨势依旧，最近 5 年的收入和利润持续上升，不由得让人感慨：为什么这家公司保持了这么多年的辉煌业绩，还始终在增长呢？这与华为强大的预测能力有关。

在中小企业中，别说达到 100% 预测目标，就是达到 60% 的都为数不多。曾有华为员工说，公司收入除了有一年没有达成 100% 目标外，其余年份几乎都是 100% 达到预测，甚至超预测完成。

设定可操作的目标

中学时期，我们能见到一些非常努力的同学，一直想提高成绩，却怎么都提不上去，但当你问他想提高多少分、提升哪几科的成绩、上哪一所具体学校时，他可能一问三不知。很多人只是有个大概的方向，要努力进步，要达成目标，但是具体目标是什么，却并没有明确。可见，制定一个可操作性的目标极其重要，否则努力就没有方向。

领导者可能遇到过这样的现象：员工难以完成绩效考核，导致他们收入下降，然后丧失信心，并且逐步丧失话语权。若在这种情况下继续对他们进行绩效考核，效果更不好，从而导致员工工资持续下跌。长期下去，会形成一个恶性循环，使得团队绩效越来越差。

为什么会出现这样的负面循环呢？问题在于目标的设定。当领导者设定的目标与现实中企业的发展产生偏差时就会出现上述循环，在目标制定不妥的情况下，更换多少管理团队和方法都无济于事。

可操作性的目标能使各级人员负起责任，制定目标后一定要有分解过程，比如这个月要达到 100 万元业绩，这是大的目标，分解到每个小组每个人头上，就会变成为了达成这 100 万元的业绩，具体怎样分工、每个人应当做什么、各部门之间如何协调等，做好任务分解，团队中的成员才能清楚自己在这个目标当中承担怎样的责任，执行性才能更强。

当然，目标管理要保持好短期利益和长期利益间的平衡。如果过度抬高目标，很可能不利于企业持续发展，比如，经过调查分析，领导者预测这个月目标定在 50 万元是合理的，但是基于各种各样的原因，领导大大抬高了目标设定，定在了 500 万元。结果团队成员为了达成这个业绩，便开始杀鸡取卵，比如向客户销售完产品后，罔顾售后服务，并在推销过程中夸大宣传，损害到用户的利益。那么即便这个月完成了业绩目标，在接下来一段时间内，企业的业绩仍然会下滑得非常快，还会造成内部人心不稳，让公司与客户之间产生矛盾。

在目标管理过程中，许多领导者常用较为笼统的语言表达，把目标定得模棱两可，让执行人员难以操作。比如"为用户提供良好的服务"这种描述就非常不明确，因为提供良好服务有很多种方法，具体使用哪一种？达到什么样的服务水平？这个描述中并没有提到。

其实领导者应该这样做："减少客户投诉"，过去客户投诉率是 5%，领导者把它降低到 2%，或者回复投诉的时间从 15 分钟缩短到 5 分钟等，这样一来目标就明确了。

除了目标明确之外，目标还需要具备一定的可衡量性，尽量将所有目标转化为可衡量可考核的数据。比如"要选择好的讲师"，什么叫好的讲师？好到什么程度？这都是无法衡量的概念，但如果在目标管理中表明：在听完这个讲师的课程后，学员的评分在 90 分以上，那么就是好讲师，可以长期留用，这就是量化到具体的数据。

为了更具市场操作性，领导者应该更多吸纳员工参与目标的制定，这样才能保证团队的整体目标。在制定目标时，要与员工工作内容有相关性，技多不压身没错，但如果让新媒体编辑去完成产品经理指标，就与他的工作设定无关，一岗多用会消磨员工的积极性。

在员工制定目标的基础上，可以适当将目标提高一些，让员工跳起来可以够得到，但不要制定员工跳起来也达不到的目标。

在目标设置时，还要注意时间限制，如果意向目标没有时效性，它就是无效的，同样，没有时间限定的考核也是不公正的，会降低员工的工作热情。领导者在设置目标的时候，要根据任务的轻重缓急，拟定该目标项目的时间限制要求，并且定期检查过程实施的关键节点，这样发现问题时才能尽快进行调整。

量化达成目标的过程

很多人都经历过高考，面临高考时学生都有一个笼统的目标——考取一个理想的大学，但什么样的大学足够理想，又该怎么样量化这个目标，却是相当模糊的。学校为了使我们将模糊的目标量化，就设定了分数以及名次。

通过衡量我们这次考试的分数以及名次上升或下降了多少，我们就可以知道自己的学习水平是否发生了变化，从而调整我们的学习计划。如果在学习中没有名次和成绩的概念，我们将很难知晓自己与其他人的差别在哪里，就更难预测我们会考取什么样的大学。

学习如此，其他问题也是如此，比如单身人群会有婚姻或恋爱的焦虑问题，这种焦虑情绪也可以层层分解。这种焦虑通常来源于三个方面，一是以父母为核心的周围人的压力，二是失恋的痛苦，三是单身焦虑。以父母为核心的周围人压力如何解决？这又分为三种方式：一是要让家庭关系更加和谐，二是要引导父母了解婚恋的多元化，三是要和他们理性沟通。在理性沟通环节，又可以分为四点：一是让他们换位思考，二是分析问题的矛盾根源，三是参考父母的意见，四是让父母了解自己的想法。

而面对失恋的痛苦这一问题时，通常我们会：①倾诉；②转移自己的痛苦，比如培养一些爱好或者结识新的另一半；③反思自己失恋的原因是什么，促使自己在下一段感情中变得更好。那么对于单身焦虑的解决方案是什么呢？一是明确认识自己，找到优势和劣势；二是树立正确的婚恋观，比如不因为一段失败的恋情而抗拒婚恋；三是扩大社交范围，包括参加一些联谊活动或利用相亲网站结识另一半等。这样一来，我们就把婚恋不顺带来的焦虑问题实现了量化，在量化的过程中我们还可以加入一些时间段，比如每天花费一个小时登录相亲网站或每周参加一场联谊活动，以扩大自己的社交圈，这种量化方案可以帮助我们更快地脱离现在的焦虑困境。

渣打银行中国区人力资源运营总监曾说："要在中国市场上生根发展，需要很强大的生产效率、顾客满意度及员工保留率的支撑，所以领导者在对员工和团队的培养上花费了很大的力气。"

为了达到顾客满意，带来稳定增长的目标，渣打银行把员工敬业度作为一项重要测评指标，通过对数据的分析管理，为领导者制定行动规划，这为渣打银行进入中国以来一直保持增长的态势提供了保证。

在渣打银行，每年都会做一次调查活动，所有员工都会参与，一共12个问题，以网络问卷的形式发送，问题包括：在工作中我每天都有机会做最擅长做的事情吗？我的同事们致力于高质量的工作吗？我有做好我的工作所需要的材料和设备吗？等等。

看上去简单且没有倾向性的问题，让员工用1~5分来评价，收集所有员工的数据之后，这些数据会被放到盖洛普全球数据库中进行排位，排位顺序和公司所创造的业绩是严格正相关的，在大量全球样板的对比之下，渣打银行就会看出自己员工的敬业度到底如何、有哪些公司比自己做得好等。

这种Q12体系能够把管理分为三个层面：第一，员工在工作中实现自我的程度如何；第二，员工在工作当中的满意度如何；第三，员工是否有完成工作所需要的东西，任务是否清晰，是否具备完成工作所需要的环境和条件等。这样量化的人力资源管理能够让渣打银行迅速找到问题所在。

　　每个人的数据都会被放在两个维度上来看，一是纵向比较，与去年得分比较能看出今年员工会有哪些方面的变化，比如他们的价值是否提升，目标是否更清晰等；二是横向比较，比较团队与团队之间、不同部门之间的员工工作状态。运用量化的方式，能够让领导者更清楚员工的敬业度。

　　在数据分析中，公司也会找出每个员工得分最低的三个问题，比如员工认为"我的老板一个礼拜都没有在公司表扬过我"，那么渣打银行就会认为这位经理优化的程度不够，没有更多关注到员工的价值。还有这样的问题"公司愿景对我来说不重要，我不知道公司目标是什么"，这就说明领导者对于目标战略上传下达的程度不够，这能够反映出领导者某些失误的地方，依据这种量化分析的结果，渣打银行会要求各个团队专门开会进行讨论，并进行优化，提升员工的敬业度。

　　渣打银行认为量化管理和感情化管理并不矛盾，量化是为了更科学地管理，他们认为管理首先是规范的，在规范中发挥一定自由度，其次才是科学和艺术。管理的概念并非非黑即白，能管理到的是看得见的行为，而看不见的则需要用感情管理来完成，比如进行人性化管理，看到员工的优势，这需要领导者在不断观察中作出判断。

　　多项指标会分散对目标的聚焦性，最终多项目标都难以达成。因此，在制定目标时，不应当从小目标出发推向大目标，而应该从大目标反推回来，由将来到现在，从大目标到小目标层层分解。比如第一个季度的业绩定的是500万元，这是整个团队的业绩，继续分解，A部门承担300万元的业绩，B部门承担200万元的业绩，接下来，A部门300万元业绩当中有多少是销售A产品所得？有多少是销售B产品所得？销售A产品要拜访多少客户，成交多少客户才能达到目标？这都要经过分析得出数据。

　　目标达成度明确可操作是核心要素，总目标与子目标要环环紧扣，此目标同时又要反作用于总目标，促进总目标的实现。

分析现状

美国福特汽车公司曾有一台巨型发电机出现了故障,不能正常工作,公司内部很多资深的技术员研究了很久,都没能解决问题,于是福特公司只好请来德国最著名的技术专家来解决。

这位专家来到福特公司之后,两个昼夜都在机器旁边观察,仔细检查机器的零部件,有时还会趴在机器旁边听声音。最后他终于发现了问题所在,他告诉修理工把机器顶上的盖子打开,并在旁边画了一条线——画线地方的线圈应该绕20圈,但现在绕了19圈。工人按照技术专家的话照办了,这台巨型发电机才正常运转起来。机器的问题看似很小很简单,但要找出这个问题却不容易,所以德国专家所要的报酬较高,直接要走了1万美元。

除了福特老板之外,许多技术人员都认为这个价格太贵了,德国专家不过只是画了一条线指出问题在哪而已,何况他最终也没有修缮。问题处理起来也很容易,只需多绕一圈就可以。

但福特老板说:正是因为这位德国专家发现了问题,所以才有可能排除机器故障,公司也才能正常工作,如果不给他1万美元,领导者永远也发现不了问题,很多事情都会被耽搁,损失会更大。

最终,把德国专家送走后,福特老板直接开除了负责这个机器的两名技术人员的其中一名,因为这名技术人员粗心大意少绕了一圈,就让公司损失了半个月的宝贵时间和1万美元,技术员当然很不服气,他对老板辩解:"还有一个技术员也参加了机器的安装工作,但你为什么不辞退他只辞退我呢?"老板却说:"因为当他发现机器不正常的时候第一个向我汇报了,而你却没有。"

发现问题的能力和解决问题的能力同样重要,领导者要适当关注细节的工作,及时发现问题,而要提高发现问题的能力,领导者最好能够建立完整的标准化体系和规章制度。如果有数据支撑,那么员工的工作都能参照数据进行，就可以通过这种标准的对比发现问题。

分析现状，在现状的基础上制定目标并解决问题是领导者的责任之一。领导者站的位置较高，高屋建瓴，更容易发现问题。比如当某样产品报表交给领导者时，领导者需要浏览所有数据，当发现数据细节不太正常时，要格外关注。如果上周某产品退货率比较高，那么就应该针对这一情况询问相关负责人，退货率高是产品的质量问题还是其他原因，随后就是分析问题出现的原因。

你需要了解相关产品发生了什么问题，比如当你发现这批货物中两侧对称性不太好，或者产品有一些轻微裂缝，那么你就需要找到生产部门，询问为什么会出现这些情况。随后生产部门可能告诉你，因为采购过来的原料和以前略有不同，所以按照此前的配料表生产，导致货品成型时发脆，遇到水汽就会出现轻微裂缝。这样一来，你就可以再去询问采购人员，采购的哪些原料出现了问题，是不是需要更换原料厂商。逐渐挖掘问题，一环一环解决问题后，最终产品问题才能及时得到解决，退货率才能降下来，所以，善于发现问题是领导者必须具备的能力，一旦发现不正常的情况，就必须追本溯源，找到问题产生的原因，然后对症下药，寻找解决方案。领导者必须对企业发展现状、项目现状、产品现状予以持续关注，才能在短时间内找到问题，并采用应急方案。

有时，工作中一些问题一开始比较细小，但因为这些细小的问题很可能会影响公司的高效运营，所以要想使工作取得顺利的进展，领导者就需要从细微处着手，将每一个可能出现的问题消灭在萌芽之中。处理这样的问题越多，领导者积累的经验越丰富，保证在日后工作中少"踩坑"甚至不"踩坑"，这样才更容易取得成功。

领导者分析企业现状并不是坐在办公室里想出来的，而应该运用一些基本的管理工具，明晰企业现存的状况。比如一场大型会议领导者只有到现场亲自观看所有环节，才能知道会议举办中出现了哪些问题、会议效果如何，如果只是等待员工在会议结束后汇报，那么永远也无法看清真相。一个完整的问题处理过程一定要包含在现场的了解，并针对现场的实际情况，采用切实的对策解决。

爱奇艺在投拍一部新的综艺节目和电视剧时，为了预测自己的投资是否能收回本钱，以便进行下一步方向的调整，爱奇艺创始人龚宇常常会到拍摄现场观摩，发现现场的一些问题，并及时与剧组和节目组沟通，以便更好地控制节目效果。

领导者还需要关注员工工作中的一些关键节点。比如，在人力方面，有没有员工情绪状态不佳？有没有谁最近的业绩不好？在方法方面，员工是否运用了不恰当的执行方法？用了不恰当的沟通语气？在能源方面，公司用到的水、电器有哪些异常？供应是否充足？会不会临时出现停电停水的现象？在信息方面，看订单或互动率，指标有没有问题？报表有没有问题？在时间方面，看每项任务是否按时完成？效率是不是更高？

要想分析现状，首先要有分析现状的意识，要认识到领导者存在的优势和问题。问题总是存在的，不要忽略它，领导者需要一双发现问题的眼睛。其次要拥有发现问题的意愿，发现现存的问题体现着领导者的管理能力，处理问题的结果也会影响企业的状态，同时，它也是领导者的绩效和成绩，所以，无论对个人成长还是公司发展，领导者都要有了解现状的意愿。

寻找关键任务

1987年，意大利经济学家帕累托偶然间注意到当时英国人的财富和收益模式，经过大量的调查取样，他发现，大部分财富集中在少数人手中。同时，他从更早期的资料当中发现，不光是英国，几乎所有国家都有这种微妙的关系。于是，帕累托从大量具体的事实当中分析发现，社会上20%的人占有80%的社会财富，也就是说，财富在人口中的分配是不平衡的。

除了财富之外，人们还发现生活中存在其他不平衡的现象，基本都可以沿用二八定律。当然，从统计学上讲，精确的80%和20%出现的概率较低，所以二八定律更多讨论的是量化的实证法。

二八定律又叫帕累托法则和关键少数法则，它检验的是两组类似数据之间的关系。通常情况下，20% 投入会有 80% 的产出，这种最佳关系中可以用最少的资源消耗取得最佳的业绩。比如对一家企业来说，往往 80% 的销售额是 20% 的大客户提供的，那么这部分人就应该是企业格外注意的对象，尽可能拿下这 20% 的大客户，并为他们做好服务。而那些散客虽然占到 80%，但是他们贡献的销售额却是较少的。

如果公司把所有注意力平均分散给所有客户，可能就需要更多的精力来达成更高的销售额。同样，在销售过程中往往 80% 的业绩是由 20% 的销售贡献的，所以，企业要着重留下那些少数关键性的销售人员，给予他们更好的薪酬待遇，以刺激他们更加努力。

当然，领导者要用好二八定律，就要搞清楚团队中的 20% 到底是哪些，从而把自己的管理注意力集中在这 20% 的重点经营要务上，给予倾斜资源和措施，确保重点方面取得重点突破，进而带动团队取得整体性的进步。

对于领导者来说，这有很强的现实意义，领导者应该学会把时间和精力放在主要矛盾上，避免在琐事上浪费太多时间，一个人的时间精力都是非常有限的，想要做好每件事情几乎不可能，要合理分配时间和精力，做到面面俱到反而很难达成有效突破，不如找出这 20% 重点，把 80% 的资源用于产出关键效益的 20% 上。

领导者的时间管理问题、资源分配问题、重点客户问题、新产品问题、关键人才问题、核心利润问题等全都可以用二八定律解决。比如领导者在建立中长期的总体战略目标之后，可以先细分为企业的各个目标，建立目标体系后，运用二八定律确立主要盈利方向和主要的风险，然后做好内部控制，当确定了风险管理的范围和控制力度时，就要确定采取的应对策略。

一些领导者做到一定程度上会越来越累，每天忙到深夜，吃不好睡不好，但当他反思自己都忙了些什么事时，他会发现面试员工、与产品经理讨论产品构想、讨论促销方案、盯着财务催收账款等这些事占据了他的时间，看似哪个都重要，却都不是关键事项。

细想一下，员工招聘可以由人事负责人完成，应收账款由财务负责人操心，讨论促销方案可以由市场负责人负责。作为领导者，你亲自做未必有专业人士做得好，所以不如放开手，让员工自己去闯，你则更像是一个把握大船方向的人，盯着的应是少数关键的事项，比如战略管理、团队管理。

重点关注一旦发生就会造成极大负面影响的风险，通过业务流程、人员匹配等方式，有针对性地进行风险控制，建立预防机制。比如对于网约车平台来说，有 20% 的概率可能会出现乘客安全问题，一旦这种事发生，就会造成爆炸性的负面影响力，因此，在事件发生之前，领导者就应当意识到司乘安全问题的重要性，并采取手段预先防控。

很多企业都面临核心员工离职的问题，随着人力成本的不断攀升，带来 80% 业绩的 20% 核心员工一旦流失将会对企业造成巨大损失，比如小霸王的段永平出走使得小霸王陷入危机，却成就了步步高，那么段永平相对小霸王来说就是核心员工，企业一定要争取留下。

在蒙牛，一年一度的技术比赛是固定的项目，也是普通员工脱颖而出的重要平台，一些员工为了胜出，要提前一年做准备。比如党员王利柱，在蒙牛 19 年，凭借过硬的技术与持续的钻研精神，先后获得 4 项国家专利、16 项公司技改专业奖。以他的名字命名的"王利柱工作法"累计为蒙牛节约人工、包装辅料成本超过 6100 万元。党员史玉东，以第一发明人身份申请发明专利 7 项，授权 5 项，先后参与实施国家"十一五""十二五"期间"863"项目及国家科技支撑计划。这样的员工作为关键少数，在比赛中脱颖而出，能够发挥标杆和激励的作用，为企业创建个人发展与企业发展绑定的价值观，并极大地影响其他员工。

惠普、加拿大贝尔等大型公司摒弃了事无巨细的文化变革举措，反而把重点放在构建关键的企业文化和寻找关键的团队带头人上。这就是关键少数原则。当前业务的运作流程一旦优化，就能使事项更加顺利地被传递，能带来实际的业务影响，且该业务影响会辐射到全公司，所以这项流程要尽快投入实践，领导者应该能够识别这一关键要素。

你愿意留下哪三个任务

中国企业的领导者总是贪多求大，不愿意专注于核心问题，即便是九阳这样成功的企业在这个问题上也犯过错误。由于领导者对战略和目标不够坚持，九阳便过早地实行多元化战略，一旦在某个领域专注而略有发展，就立刻要把品牌发展到新的领域，借助原来的势能在新领域获得好的发展。

一些领导者过于贪婪，看到其他企业在别的领域发展较好，就想进入分一杯羹。

有的领导者认为，结构多元化是为了分散风险，把企业专注于一个方面，失败的可能性更高。殊不知，每进入一个新行业，都有更多的问题在等着他，在老行业做不成功，进入新行业会有更大风险。

复兴集团是多元化较为成功的典型，在地产、金融等多个行业都有建树，集团最终还打包登陆香港资本市场。但是在多元化的过程中，复星集团始终秉持着一个原则，每个产业板块背后都有专业化背景操作团队，一个团队不能打所有仗。聚焦是原则，多元化却需要一定的机遇，当其他行业的机遇并未到来时，千万不要盲目进入不熟悉的行业。

投资人肖冰曾说，在多年的投资当中他发现，较为成功的企业具有一些共同特点，第一条永远是专注。

爱尔眼科开了200多家医院，是唯一一家IPO上市的眼科民营医院，理论上它拥有大量资源，可以做其他专科，比如牙科、骨科等，甚至一些地方政府也愿意扶持他们做其他专科，但最终，爱尔眼科还是决定放弃多元化，只聚焦于眼科本身。

因为爱尔眼科虽然规模较大，但是占据中国眼科市场的比重仍然不到10%。眼科领域还有巨大空间，如果自己不能聚焦于眼科，看到其他机会就急于跳入，那么在眼科行业发展的精力就会被分散。

分众在美国上市之前收购了几十个公司，进入无数行业，最后搞得一塌糊涂，把主业都搞垮了。领导只好把几十个收购的公司全部砍掉，回归到核心的楼宇广告。现在看来，当初的决策非常正确，目前分众的市值仍然在增长。

一些制造业者会盯着金融业和房地产行业，他们认为相对于这两个行业，制造业更加辛苦，但实际上，因为专业度不够，随着外部环境的变化，一旦他们涉足金融业和房地产行业，不仅在新的行业很难成功，而且还可能失去原本事业的发展机会。

没做好充分准备就盲目走上多元化道路的公司比比皆是。作为领导者，一定要明确公司做什么、团队做什么，要简单清晰，一句话就能说清楚。在走向多元化之前，必须要专业化，将现有的行业做专做精，持续为公司创造现金流。

一些研究表明，我们在关注事物时，因为领域多样、目的不同，所使用的神经路径有所差异，其中一些能够相互协调，另外一些则相互排斥。领导者应该把注意力放在希望聚焦的事物上，尽可能排除干扰。

认知控制能够帮助领导者更加专注于目标。领导者每天需要处理大量的事情，需要更好地管理好自己的时间和专注力，才能做出富有成效的工作。

施瓦茨说："一天中的小时数是固定的，但我们可用的精力并不是这样。"如果领导者在工作当中投入了大量精力，但所做的事情与目标没有太大关联时，他不仅会感到筋疲力尽，还难以取得成果。久而久之，领导者的激情便会不在，意志力也会消沉。

要做到专注，领导者需要提前做好相应的计划，把工作分解成多个管理的任务，在任务开始之前，还需要加上一项工作，这项工作就是判断，把梳理出来的计划进行简化。每天保留三项最重要的任务，将其他不相干的任务划掉，强迫自己去做这件事。一开始，领导者可能会从众多任务中挑挑拣拣，不知道该保留哪些划掉哪些，但当开始动手划掉它们时，目标会渐渐明晰，坚持一段时间后，就会更容易找到工作中的重点。

判断每周任务也是如此，每周保留三大项任务，这三大项任务一旦完成，是能够保证这周业绩达成的，所以要仔细遴选留下的任务。"不要认为你没有足够的时间。你们每天有与海伦·凯勒、巴斯德、米开朗基罗、特蕾莎修女、达·芬奇、杰斐逊、爱因斯坦等人一样相同的时间。"杰克逊·布朗曾说。

每当领导者坐下来，计划这一整天的时候，他基本上都在决定这一天要专注哪些事情。领导者需要对一定时期的工作优先做出安排，并制定工作计划。计划之前再次梳理自己的目标和愿景，同样能够让他把精力聚焦在最重要的事情上，把不重要的事情延后处理，这样一来，一天的工作中，他就很难再被其他事情分散精力。

真正高效的领导者懂得管理时间，把重要的任务和紧急任务分开，把重心放在最重要的任务上，按照优先顺序处理。

一旦领导者分清了轻重缓急，就能够通过砍掉一些琐事，或者把它们交给下属去做，从而简化自己的工作，把所有注意力放在更能产生效益的事项上，如此一来，领导者就能投入最少的精力，产出最多的成果。

工作计划公开

为了提高工作效率，让工作步伐加快，同时还不至于秩序紊乱，就需要提出计划，让员工拥有明确的目标和步骤。计划能够协调大家的行动，增强工作主动性，减少盲目性，同时，工作计划又能衡量工作进度，考核工作质量，对员工起到较强的约束和督促作用。

规划是所有计划中最宏大的一种，时间一般在三五年以上，基本都是系统性、整体性的工作，是长远的战略布局，为整个企业发展指明方向。

相对而言，计划则要详细得多，领导者要把一定时期内的目标任务分解到每个部门和每个人，为他们的行动提供具体的依据，以利于实现目标。

计划之前，领导者必须从整体行业实际出发，依据现实状况制定。做出初版工作计划后，要和员工共同讨论、协商并形成可执行的、具体且完善的工作计划，或者由员工提出，领导者来审核。然后根据工作任务的安排，组织分配员工完成任务，并根据实践反馈进一步修订补充完善计划。一旦计划固定下来，就要坚决贯彻执行。

工作计划一般包括四个部分：一是做什么。明确目标和任务，任务应当有时间限制。二是怎么做。计划拥有多种实现路径，依据现实状况，找出哪种方法更适宜。领导者需要判断在做的过程中采取什么手段、具备哪些资源、创造什么条件、排除哪些困难，并向团队成员公开工作计划。三是谁来做。一项任务在进行的过程中必须有人来执行，领导者应当充分熟悉员工的特点，妥善安排任务，哪一部分任务先执行、哪一部分后执行、哪些人之间需要配合、什么时候需要进展到什么程度等都需要领导做好监管。四是限定时间。

一些领导者制定好工作计划后，却很难执行下去，他们通常认为：我已经做好了大方向上的把控，具体执行是员工的事情，如果出了问题也是他们自身的问题。如果领导者不做管控，那么执行人员就会很难达成目标。

计划管理是企业管理的基础，又是最容易被领导者忽视的。在很多人看来，计划只是写在纸面上的文本，而在管理过程中，真正使用计划管理任务的人并不多。其实，领导者应该依靠计划展开管理活动。

在计划中，目标必须是合理的。目标是预测，是判断未来发展趋势以及可能面对的竞争。如果不看外界环境，只依据自身的能力和资源来制定目标，那么，当你实现计划的时候企业已经被市场淘汰掉了。

所以，制定计划之前一定要明白制定该计划的原因和目的，领导者应当抽出大量时间讨论计划的方向。比如提高企业利润有两种方法，提高业绩和降低成本，而领导者所处的位置决定了他必须根据企业目前的情况判断应该重点选择哪个方向。一旦明确了方向，才能开始制定计划。

领导者要保证计划是有效的，在制定计划的同时要做好奖惩措施，这样才能保证计划得以良好执行，而计划实施的结果取决于领导者给员工的激励是否具有吸引力。

一家公司原本重视计划，每做一次培训课程，计划都要细致到培训课程的内容设置、讲师聘请、酒店选址、证书印刷、现场条幅、音响灯光等各方面，领导还设置了专门的培训小组，一开始，领导也亲自上阵监督。

有一次，领导临时安排了一个培训课程，这一课程完全脱离工作计划，所有人员都开始手忙脚乱地确定讲师、敲定场地等，因为没有计划，各个部门之间配合得不够顺畅，领导便着了急，到现场开始指手画脚，不仅提出这次讲师选得不好，场地规模达不到标准，招生也不尽如人意。领导者肆意插手指挥，课程结束后，当着众人的面大声呵斥培训小组的负责人。结果课程结束后第 2 天，小组负责人就萌生了离职的念头。

一些企业不是没有计划，只是缺乏临时的计划和安排能力，没有临时应变措施，这就很容易在紧急情况下胡子眉毛一把抓，导致结果不满意。

需要注意的是，领导者每个月制定的工作计划必须公布，公开讨论的工作计划才能被更多人知悉，才能被更好地执行，另外，公开讨论有利于众人监督。比如摩托罗拉的员工在公司网站畅所欲言并定期参加总经理座谈会、业绩报告会，"大家庭"、"我建议"等各种形式的会议，在这些会议上，员工不仅能够进行投诉或提出建议，一些公司计划也在这些会议上制定并公开。

评价与改进

有时管理会变成无法偷懒、必须持续前进的任务，作为领导者不能懒惰，但他必须停下来思考。领导者是行动者，同时他们也是思想者。个人反思虽然需要占用一定时间，但他这样做会让自己感觉更加平静，精神更加集中，好好想想过去一周甚至一个月发生了什么事？有哪些部分需要持续改进？当然，除了个人反思，领导者也要带领团队反思。

在一些企业的早会上，领导者要求所有高管进行反思，刚开始时，没有打断讨论的话语，只有几个人对前几天工作的复盘。一段时间反思过后，他们会自然而然地开始讨论，并愿意分享自己的反思所得，经过一段时间开放式的讨论，也许会提出一些有趣的想法。话题不断转移，从政治到经济，从文化到商业，在早会上，任何事情都是可以讨论的。员工互相学习，从对方反思的事情上汲取力量，能够保证新的一天领导者管理的效率更高。最好的学习通常都是在反思过程中完成的。

联想集团创始人柳传志十分重视复盘在管理当中的作用，他曾经说："所谓复盘，就是一件事情做完了以后，坐下来把当时没做成功的事情，预先怎么定的、中间出了什么问题、为什么做不到，把这个理一遍。"

复盘其实是围棋用语，是指对弈者下完一盘棋之后，重新在棋盘上把对弈过程摆一遍。通过这种复盘，我们可以重新看到全局和对弈的过程，了解棋局的变化，从中总结适合自己的棋路，长此训练就可以提升棋手谋划和应变的能力。

在企业管理当中，领导者复盘就需要对过去管理的项目和事件进行梳理回顾，带领团队从过去经历中汲取经验，从实际工作中进行学习，从而提升团队的业务能力，提高领导者的管理能力，这是一种高效的组织学习方法。如果没有复盘环节，学习便不完整，尤其对于一些关键性的问题或是例外的情况，领导者都要特别留意，注意总结规律。

彼得·圣吉曾经讲过，从本质上看，人类只能通过试错法进行学习。小步快跑、快速迭代，在试错过程中，能否从前一个错误中取得收获、得到提升，取决于领导者反思复盘的能力。当然，作为领导者，复盘不适合个人，更适合以团队的方式进行。很多时候，一个项目的完成需要整个团队协作。

因此，作为一名领导者，一定要常常反思自己，多问几个为什么，问自己的工作有没有达成目标？能不能做到更好？员工关系如何？是否了解员工的工作现状？能不能迎难而上？是不是仍然保持工作激情？

领导者获取知识的途径有很多，比如向自己学习，向他人学习。向他人学习如阅读、向高手请教，甚至从员工身上学到新知识。向自己学习则更真切，它取决于我们如何对待过去已经经历过的事情，从事情当中找到过去某件事成功的方法或失败的原因，这种基于经验的学习是重要的推动力。

我们从其他人那里获得的知识最终都需要转化为自己的能力，这个过程中离不开向自己学习，领导者一定要在亲自实践之后理解、分析、总结，进行复盘。

因此，领导者应该通过事后深度的反思复盘，找到问题缺口，了解彼此工作和协作中的问题，忠实地还原过程，总结经验教训，找到人员安排失误的地方，以便下一次能够更好地完成任务。

管理评价通常采用一些评价工具或测验，找出管理者的强项和弱项。这些管理评价工具最好能够综合采用，并且尽量拉长评价的时间距离。管理者最好参与到管理评价当中来，看到自己被评出的结果，能够帮助领导者发现真实的自我，在接下来的管理过程中发挥自己的优势。

其中一项评价工具就是心理测验，指的是用一些标准化的测验量表和程序来衡量知识能力态度以及个人特质。比如 MBTI（Myers-Briggs Type Indicator）性格评估工具、职业性向问卷测验等都有着严谨的学术研究基础，这些标准化的模型能够衡量管理者管理工作的特质和倾向。当然，在评价过程中领导者也可以动用人的力量，通过上下级以及同事对自己的评价得出考核结果，最终找到改进方法。这种考核方式更贴合实际情况，因为心理测试很难包括工作的实际内容。当然，人员考核也有缺点，它虽然能够更真实地给予领导者评价，但它容易受到个人情绪和好恶的影响。

第六章

极简工作法则

逻辑树分析法

有这样一个问题，英国每年高尔夫球的市场需求有多少？如果让你来寻找答案，且网上没有直接的数据支持，你会怎么做？

第一步，你要知道，高尔夫球的市场需求与购买高尔夫球的人数相关。第二步，你要预估英国 16~70 岁的人有多少，再假设可能打高尔夫球的 30~40 岁的人有多少。第三步，你需要在这个年龄段内进行一些抽样调查。第四步，做好市场调查后，你大概就可以预估英国大约有 50 万人打高尔夫球。第五步，再次思考这些问题：经常打高尔夫的会有多少人？这些人每年大概需要多少球？而其他人多久打一次？需要多少球？第六步，把以上结果总结起来就是英国总的高尔夫球市场需求。

优秀领导者遇到问题时，首先会对问题做出界定，列出相关的各个结构，在各个结构之间找到相互的联系，找出可能出现的原因和结果，接着去掉次要因素，接下来针对列出的具体事项找到具体人员匹配进行突破，这就是逻辑思维，也是逻辑树的思维。

如果一个人做事没有目标或逻辑，就很容易出现这样的情况：我们都有过出去旅行的经历，旅行是为了休闲放松，让自己更开心，而不是为了节省开支。但是很多人选择了低价团，受了一肚子气，那么旅行就失去了它本来该有的价值，这就是我们在一件具体事项中缺少了关键目的的后果。

当时杰克·韦尔奇也用了战略取舍的工作方法，担任通用电气总裁的前两年，他出售了 71 项业务和生产线，甚至把通用电气起家之本的业务——半导体都给卖了，当时大家都在质疑，有人甚至对他进行道德抨击。但他们却不知道这是杰克采用了极简管理的方法，因为出售了这些非战略性的资产，所以通用电气才有更多的精力能够关注到更关键的节点，如果所有事情都做，面面俱到，那么最终结果就是什么也做不好。

早年间苹果公司生产的个人电脑很受欢迎，但乔布斯走后苹果公司却怎么也抓不住市场趋势，公司业绩逐渐下滑，把市场拱手让给了IBM，成为当时美国最大的遗憾，乔布斯回归之后终于找到了重点，把无关的业务砍掉，力挽狂澜，才让苹果重新崛起。这告诉我们，在行动过程中一定要有方向、有逻辑，而当行事逻辑不清晰时，执行得越好却越失败。

我们应该学会训练自己的逻辑，运用逻辑树的原理分析，帮助我们找到事物之间的逻辑关系，当然，在运用逻辑的同时，可能需要团队共同参与进行头脑风暴，一个人会有思维盲点，但多人在一起也许就会解决盲点问题，大家需要进行发散性的讨论，把所有想到的关键词写在黑板上。从发散到集中，不要上来就做出结论，这样才能逐渐找到关键点。

逻辑树分析法是麦肯锡常用分析问题的工具，又称问题树、演绎树或分解树等，它是将问题的所有子问题分层罗列，从最高层开始逐步向下扩展的过程。

逻辑树是把一个已知问题当成树干，然后考虑这个问题和哪些相关的问题或者子问题相关，每想到一点就给这个问题增加一个树枝，并标明这个树枝代表什么问题，大的树枝上还可以有小的树枝，以此类推，找到问题相关联的项目。

逻辑树能够帮助领导者理清自己的思路，不进行重复和无关的思考，同时逻辑树还能保证分析问题时的完整性，把工作细分为一些可操作的部分，确定各部分的优先顺序，并把责任落实到个人。它能够做到相互独立，完全穷尽，只要列出足够的问题就能找到最佳解决方案。

麦肯锡逻辑树分析法分为七个步骤：第一步，确认需要解决什么问题；第二步，分解问题，用树枝逻辑层层展开；第三步，进行简化，提出一些次要的问题；第四步，根据逻辑树制定详细工作计划，工作计划要有时间限定；第五步，进行关键环节的分析，找到具有关键节点的树干和大树枝；第六步，综合分析，列出逻辑树的结果，形成工作计划；第七步，陈述来龙去脉。

在执行看似复杂的问题时，化整为零非常重要。有了明确的小目标，时刻对照逻辑树的枝干继续进行，一点一滴地积累，就能助你不断走向成功。

在麦肯锡公司，三种典型常用的逻辑树的类型分别是提议树、假设树和是否树。提议树要将一项事物细分为有内在逻辑联系的提议，在解决问题的早期过程使用，这时还没有足够的可以形成假设的基础，它可以将问题分解为可以分别处理利于操作的小块儿。

假设树是假设一种解决方案，并确认有足够多的论据来证明或否定这种假设。假设树适用于对情况有足够多的了解，能提出合理的假设，能够集中于潜在的解决方案，加快解决问题的进程。

是否树用来说明可能的决策和相关决策标准之间的联系，当对事物及其结构有良好的理解时，可以将此作为沟通工具，确认目前要做的决定。

用逻辑树可以探讨因果关系，找出问题所在。它能够打破没思维框架的问题，破除思考盲点，看见别人看不见的答案。

用逻辑树方式思考时，领导者应当画出树状图，先找出思考的主题作为树干，再思考问题出现的原因作为大树枝，第一层原因找出后，再针对具体问题深入研究，分别找出第二层原因、第三层原因，这样一来一个问题就会被分解为具体方面，能够帮助领导者把表面化的问题梳理清晰，扩展广度和深度。在使用逻辑树时，不要偏离目标，相连接的树枝之间要有具体的逻辑关系。最终列出的多个对策应该能用逻辑树串联起来执行，这样问题就会被解决。

30 秒电梯法则

我们来看这样一个场景：

一天中午，小李收到同事小张的微信，小张说：最近我们部门新产品上线的项目有临时变化，必须提前上线，今天领导还问我手头的设计方案进展怎么样了，然后我看见小刘今天出差回来了，他说让我下午5:00之前必须跟王总汇报这个事情。但最近我们部门老大正在筹备一场座谈会，要我去策划，所以我抽不开身做汇报。

这个信息非常繁复，看得小李一头雾水，不知道对方想表达什么。从众多信息点可知，小张很可能忽略下午5点向领导汇报的消息，影响项目进程，但是这种毫无逻辑的思维表达方式，不光耽误自己也耽误他人。哪怕是讲话也需要有条理地组织信息。

麦肯锡公司曾经为一家重要的大客户做咨询，结束后，麦肯锡项目负责人在电梯间里遇见对方董事长，董事长问这位负责人能不能说一下现在的结果，因为项目负责人没有准备，即便有准备也没有办法在电梯从30层到1层的30秒内把事情说清楚，最后麦肯锡失去了这个重要的客户。

从那以后，麦肯锡公司吸取了这次教训，要求公司员工讲话必须直奔主题，只不过麦肯锡规定，凡事都要归纳在三条以内，因为人们最多只能记住123，记不住456，这就是商界流传甚广的30秒电梯法则。

这告诉我们，领导者制定任何计划都必须简单有效，如果不能在30秒内让对方听明白，那顾客一定也不会付费。如果领导者在30秒内讲不清楚自己的战略和规划，那么这个战略规划就不具备可操作性。同样，一个员工如果30秒内讲不清楚他的职责和公司的业务，这个员工也该被辞退了。

领导者要用最具有吸引力的方式阐述自己的观点。30秒电梯法则在许多场景下都适用，比如，面试时最常见的开场语是请用一分钟做一个简单的自我介绍，大部分求职者介绍平平，大概会介绍自己叫什么、来自哪里、毕业于哪里、工作经历是什么，这样的介绍似乎很难让人眼前一亮，也很难体现自己的想法和见地。

被面试者必须目标明确地推销自己，比如思考自己与其他人相比有没有一些能脱颖而出的技能和成就，能不能讲出自己为什么比别人更胜任这份工作，同时自己还应该了解公司情况，并且带着思考或解决方案出现。更简练精彩地介绍自己，才能为别人留下深刻的印象。

我们在工作中常常遇到这样的情况：领导者为了拿下一个重要的项目，组织团队没日没夜工作了一个多月，准备了大量资料和数据，对项目做了完善的筹备，而客户对这次合作也非常重视，安排高管洽谈。

前一天领导者可能列好了计划，准备得很充分，但是第二天却并非这样。对方可能会因为一件很紧急的事把准备的时间压缩得很短。假如说你只有不到十分钟的时间讲述你要说的内容，你可能会觉得很难，要在这么短的时间内总结出精华，并且讲述给对方听，并让对方认可你，确实不容易做到。

如果作为领导者，你无法简单高效地"Get"到每项事情的重点，那么，你就可能错失很多重要机会。我们常常面临海量的数据和信息，但如果我们将它们悉数呈现，便会让人听得云里雾里。

所以，你必须按照电梯原则逻辑清晰地直奔主题，这能够节省极大的沟通成本。你可以列出三个方面，从这三点着手提炼你的信息：

第一，找出信息中的流程和逻辑，这是确定关键环节的必要步骤，你要知道哪些信息被删除掉不影响大的实施框架，而哪些信息的删除则会让整个流程变得不完整。那么你就要找出那些必须存在的关键流程，然后把它们留下来。

第二，你要注重实际操作中可能会发生的事情，书面报告往往是概括性、总结性的，你需要让对方感觉到你考虑过实际操作中这个方案存在的优势和劣势、机会和困难。

第三，在方案中找到创新点，也就是找出你和别人与众不同的地方，能让人眼前一亮的地方，亮点足够吸引人，项目才能非你莫属。

如果某天，你真的只有 30 秒时间阐述你的观点，那么可以采用三种方式打动对方：第一，高度总结凝练，把你要表达的内容进行压缩，然后表达出来，让对方清楚地知道你在说什么；第二，引发好奇，如果在短时间内不能说明问题，你就可以用你事先准备好的能勾起兴趣的开头打动他，让他30秒后还对你讲的话题感兴趣，愿意与你促成第二次交谈；第三，激发思考，一些主题如果确实不能在短时间内进行说明，那么你可以在短时间内通过设问激发他的思考。

在践行这三点时一定要注意，首先你要明确与对方交谈的重点，确保自己讲的话题不是鸡毛蒜皮无关紧要的事。其次你要清楚对方的需求，根据他的需求表达相应的想法，同时你要感受对方在听你讲话时的神情和动作。根据他的情绪和感受，及时调整自己的表达方式。

而在你表达完观点后，如果对方赞同你的观点，那么你可以顺势约见他，进行下一次面谈。还要注意，在最短的时间内一定要结论先行，谁在什么时间做了什么事情，一定要表达清楚。

比如在职场写作的过程当中，如果你对一名员工说："把这份报告整理一下交给我。"员工说："今天我们部门要开一场会。"你问："那你还有时间整理吗？"员工说："部门领导让我筹备会议所需的资料。"你再次向他确认："那你究竟还能不能整理这份报告？"对方才回答："抱歉，时间错不开，没法整理这份报告了。"作为领导，听到这样的对话会不会很生气呢？遇见这样的情况，其实十分正常，有些员工话说得不到位，就会和领导产生一些沟通上的误会，且沟通的效率也会很低。

鲶鱼效应

鲶鱼效应是指鲶鱼在搅动小鱼生存环境的同时会激活小鱼的求生能力，它可以用在管理当中，使员工更加活跃地面对激烈竞争，它的本质是一种负激励。

企业经营中经常会遇到长时间无所作为的团队，所以，引入鲶鱼型的人才能够焕发员工激情，提升企业竞争力。

鲶鱼作为一种生性好动的鱼类，本身并不特别，但是一些渔夫需要运输生性安静、追求平稳，一味安于现状的沙丁鱼时，害怕长途运输使得沙丁鱼无法成活，于是便加入一些鲶鱼。如果沙丁鱼始终不动，就会窒息死亡，所以必须让它活跃起来。

鲶鱼进入鱼槽之后，由于环境陌生便会四处游动，而沙丁鱼见了鲶鱼则会十分紧张，到处游动四处躲避。这样一来，沙丁鱼存活的可能性会增加，能够活蹦乱跳地被运到终点，保证渔夫获得最大的经济效益，这就是鲶鱼效应的来源。

在渔夫运送沙丁鱼的过程中，鲶鱼是一种激励的手段，它能够促使整个环境活泛，而非死气沉沉。在企业管理当中领导者也需要引入一些"鲶鱼"来改变企业相对一潭死水的情况。在一些企业当中，由于领导不作为，沙丁鱼型的员工也缺乏忧患意识，追求稳定。

员工工作时间一久，对工作岗位丧失激情，自然会像沙丁鱼一样，产生惰性，工作时不愿意多思考，多改进。对员工来说，如果长期失去创造力，那团队也很难有建树。团队作为一个集体，如果太过一团和气，往往效率不高。所以为了激发员工的活力，领导者应该建立竞争机制，起用能人，放入一个鲶鱼型的人物，提高团队工作效率。

一个组织机构的人员构成过于老化，他们多半会有点懒散，这时放入一条"鲶鱼"，招来一个新员工，就会对懒散的老员工起到刺激作用，他们希望证明自己，重新追求尊严，再次努力工作，以防被新员工超过。

很多时候，领导者自己就能起到鲶鱼的作用，所以日本企业信奉"一流管理者，二流员工"的用人信条。团队中有一个"鲶鱼"，就大可不必放入第二条。

如果领导者属于"鲶鱼"，一开始就整顿纪律、规范制度、改造流程，把臃肿的机构简化下来，把无能的"沙丁鱼"赶走，遗留下来的死气沉沉的"沙丁鱼"也会得到正面激励，必须游动起来，这时机构才会产生活力，企业才能取得长足发展。员工想要生存下来必须达成业绩目标，和"鲶鱼"同步发展，否则就会被"鲶鱼"吃掉。

    各种不同的人才组成了团队，团队里最新奇的一个就是"鲶鱼"。"鲶鱼"似乎是一个团队的中心，他是最新奇的那个，他的个性和其他员工或许不一样，领导者需要对他更多包容。若领导者给予他更多的包容，"鲶鱼"的加入更会为公司增添色彩。领导者这时候应该对各种各样的员工包容，能够给予员工更大的发挥空间，当然团队中不能有太多"鲶鱼"，否则团队中就可能会"个个是英雄，但整体是狗熊"。"鲶鱼"要有协作观念，不能太过英雄主义、个人主义，不能只会单打独斗，破坏掉团队仅有的激情。

    领导者除了引入鲶鱼型的人才之外，也要把工作内容变得"鲶鱼"化，让他们面对更具挑战性的工作，或者用轮岗的方式，不停地给予他们新鲜感，这样才能重新焕发员工的动力和激情，让员工更愿意为工作奉献才能。

    此外，作为"鲶鱼"也要有高的情商和智商，不然就会被清出团队，在此期间，领导要注意不能够在引入"鲶鱼"的时候忽略公司老员工，如果老员工知道自己没有了晋升的空间，也会对公司和领导失望，没有了工作的热情，也没有努力和奋斗的心情，从而带给团队一些不利的因素。所以在空降员工到来后，也要注意老员工的付出。

    领导者引入一条"鲶鱼"是为了自己团队的成长，所以不要对新来的鲶鱼型员工过度感兴趣，如果在公开场合对他过于重视，太过忽视老员工，那么老员工就会不满，所以，领导者选择"鲶鱼"进入的时候要有方式方法。

    日本本田公司就很好地运用了鲶鱼效应，本田先生曾经对欧美企业进行考察，发现欧美很多企业的员工分三种类型：第一种是不可缺少的人才，大概占20%；第二种是以公司为家的勤劳人才，大概占60%；第三种是每天无所事事，拖企业后腿的蠢材，占20%。在本田公司当中，缺乏进取心的员工还要更多一些，那怎么才能让人才和勤劳者增多呢？如果全部淘汰第三种，当然是行不通的。

    因为鲶鱼效应，本田先生受到了启示，他进行了人事改革。他知道销售部的经理的价值观与公司并不相符，其传统的思想也会影响手下的员工，所以他先从销售部入手，找了一条"鲶鱼"，打破了员工的不作为，激励了员工，促进了他们工作的积极性。

与此同时，本田先生也努力挖来其他公司销售部的副经理武太郎，武太郎接受本田公司销售部经理一职后，凭借自己的丰富经验和学识，做出了一系列改革，而这些改革焕发了员工的工作热情，团队开始富有活力，销售部获得了极大的发展。在这个过程中，由于销售部的良好表现，其他部门也被带动，最终整个企业都拥有了热情和活力。

本田公司有了这个成功案例，每年都会从外部聘用一些能干的人员加入，甚至聘用高层这样的大"鲶鱼"进入。这样一来，总有"鲶鱼"在其中搅动气氛，"沙丁鱼"们就不得不提高自己的竞争力。

一页纸笔记法

浅田卓曾在丰田任职，从公司新人做到管理层，他总结出丰田内部的几点思考法则并把这种习惯梳理出来，出了一本书，名叫《丰田一页纸极简思考法》。他在书中讲到"Excel1"和"Logic3"两种整理思维的框架。

那什么是"Excel1"呢？它其实就是一个表格，表格中有8的整数倍的格子，比如8个、16个、32个等，画格子的时候需要注意，如果是8个格子就是4格乘以2行，如果是16个就可以是4格乘以4行，也可以是8格乘以2行，如果是32个就是8格乘以4行。画完格子之后，左上角一栏写上日期和主题，其他格子需要根据主题填充相应的内容。作者提到，画表格最好用绿色的笔，因为醒目，能够提升注意力。填写内容时用蓝色的笔，因为蓝色给人大海般宁静的感觉，更有利于思考。写完之后用红笔圈出自己认为比较重要的三个部分，这就是表格中的三大重点。

如果我们读了一本书，那么就用这种方式在左上角写上书的名字和日期，在表格中填上书中自己认为重要的内容关键字，填满这张表格之后，把自己最感兴趣或认为更重要的三个部分用红笔圈出来，这样，这本书中的内容就都清晰呈现了。

"Logic3"思维整理方法也是利用表格，不过它不如"Excel1"灵活，这种思维方式主要用来锻炼思考能力，也可以用绿色的笔画出来，列成4行乘以4格的形式，左上角空格依旧写日期和主题，接下来在Q1、Q2、Q3的部分，分别填写最重要的三个问题。第一列的位置是一句话总结，而Q1、Q2、Q3对应的1、2、3分别是前者的解决方法。

为什么只提三个问题呢？因为人们通常只能记住三个重要的方面。按照这样的方法收集信息或者进行思维整理，能够极大地简化思考，这就是丰田一页纸的思考方式，看起来非常简单，但是却可以应用到很多方面，比如列工作计划、做年终总结等，这种思考模式最大的作用在于它能够让你在海量信息中用最短时间提炼出最关键的问题。

同样，还有另外一种一页纸笔记方法，叫作康奈尔笔记法，又叫5R笔记法，是康奈尔大学一位教授发明的，这种方法同样适用于企业管理，操作起来步骤也非常简单。他把一页纸分成三个部分，左边1/4左右是线索区，下面1/5左右划为总结区，右上最大的空间是笔记区，接下来我们就需要记录了。

在此过程中，你需要在右上角的位置上尽量快且多地写下一些信息，把一些东西都记下来，不断进行简化，对有用的信息进行概括，明确后同样写在右上角的部分。之后，要动脑思考，开启头脑风暴，把你在与人交流的过程中听到的一些意见进行提炼，变成提纲摘要或者类目，抄在左上角的部分。

这种康奈尔笔记系统能够让你在记录过程中一方面重温讲话内容，另一方面也理清了头绪，而最下面横着的一栏是用来做总结的，用最简短的一句话总结整页纸的内容，这个部分是需要概括和升华的，所以可以延后一点再做，完全消化了记录的内容再填写也不迟。

逻辑思维对企业管理者来说异常重要，他们必须要迅速地抓住事情的重要部分，并且每件事能够表达清晰，如果领导者在这一方面并不能够表达得十分清楚，那么就要去花费时间训练这项能力，麦肯锡这样的咨询公司在资料整理、案例分析、战略制定等工作方面用的都是逻辑思维，我们可以作为参考，练就较强逻辑思维之后，我们在做项目计划，以及提案、进行团队人员分配时，可以加快效率，并收获更好的效果。

《零秒思考》一书中，作者也提供了非常简单的 A4 纸笔记的方法，它是类似大纲的思维导图，比较简便，适合领导者培养逻辑思维，做到零秒思考，但是这种方法要坚持去做，持续训练才能真正解决问题。

具体的方法是把 A4 纸横着放，每页纸写一个主题，一页写 4~6 行，每行 20~30 个字，写一张纸的时间控制在一分钟之内，每天写十页，也就是说，我们每天要用 10 分钟的时间手写这个笔记。因为有时间限制，所以在做整理的时候我们会加快速度，迫使自己尽快理清思路。

如果你坚持一个月，结果就是在下次做笔记之前你就已经知道要怎么表达了。但是要注意在运用这个方法时，一定要严格遵循每页纸只写一分钟的规则，只要想到立刻就写，绝不拖延。

当然并非一页纸只写一个主题，你可以用一个主题，从不同的角度写很多页，这样能够拓展你的思维广度。在书写的时候，不要想太多，只要有新想法就继续写。想怎么写就怎么写，可以把最直接原始的感受写出来，也不需要考虑格式、文辞的准确性。

一页纸笔记就是要让你克服平时思考时的犹豫不决，让你不要在原地兜圈子。每行字数不能太少，太少便无法训练你的思考能力，你需要把脑海中模糊不清的想法明确化，长句有助于帮你训练思维。每天用纸记笔记，能够让你更有效地思考问题，能把一些问题更直观地体现出来，并去解决它。

PDCA 循环

PDCA 循环由美国质量管理专家休哈特博士提出，是由戴明采纳宣传普及的，所以又叫作戴明环，它是全面质量管理的思想基础和方法依据。

PDCA 主要用来检查企业各项管理工作的效果，分为计划（Plan）、执行（Do）、检查（Check）和处理（Act）四项内容，由这四项英语单词的第一个字母缩写而成。

计划就是领导者要制定愿景、方向、目标，并将它具体化。执行是根据已有的方向目标，做出具体的方法方案，然后予以实施。检查要总结执行效果，并找出执行过程中出现了哪些问题。处理要对总结后的结果进行分析处理，肯定成功经验，总结失败教训。

没能够解决掉的问题，可以交给下一次进行 PDCA 循环，所以每一次不是一次完成，而是进行不断的循环，没有解决问题也没关系，可以进入下一个循环解决。

第一步，计划。把每天的事情做一个规划，列出计划，除了每天，还可以把时间调整为每周、每个月甚至每年，在完成任务之后，计划下一步需要做的事情，每一步计划都要走好，逐个处理。

第二步，执行。有了计划，每天就要按照计划行事，每天未完成的事项要逐件处理，尽量提升完成每件事的效率。

第三步，检查。分析自己每天是不是花了太多时间在刷微博和刷朋友圈上？工作时长有没有被压缩？定期自我总结反思。

第四步，处理。要保持良好的习惯，戒掉不良的习惯，尽量减少一些负面的情绪，一旦有了负面情绪，就需要思考一些轻松的事情，让自己放松一下。

PDCA 循环就是这样，随着上一级的循环发现问题，总结了一些经验，下一次循环虽然有了新的内容，但是能够通过总结上一级的问题来获得经验和依据，这样可以不断解决问题。

在管理中我们可能无法完全做到当日事当日毕，因为有很多事情不能立刻解决，需要在摸索当中前进，尤其是管理问题，很难通过一天一周的时间发现，也很难立即看到效果，所以 PDCA 循环方法可以长久地帮助企业发现问题，改善管理方式。

这种循环方法几乎适用于所有的工作，领导者在做任何工作之前都需要有计划，按照计划进行实施，然后检查结果，最终处理问题。

如果领导者通过检查发现此前执行的效果不佳，那么采取的行动就是重新制定一份计划，然后重复 PDCA 循环的全过程，如果效果还可以，但是仍然有一些遗留的问题，那么应当继续启动 PDCA 循环，针对遗留的问题进一步纠错。

1964 年，福特公司生产了一种叫作野马的轿车，产品一推出，购买人数众多，甚至打破了当时美国购买汽车的纪录，很多地方甚至还成立了野马车的协会。甚至一些玩具、帽子上都贴有野马的商标，为什么野马轿车的营销如此成功呢？

之所以野马轿车会营销成功，也是因为对市场的了解充分，亚柯卡担任福特汽车公司副总裁时，就计划生产新型的轿车。

在生产野马之前，他先了解了福特汽车公司生产的其他汽车品牌的销售情况，他发现当时福特生产的红雀牌汽车太小了，没有行李箱，外观也不漂亮。尽管红雀汽车比较省油，但是没那么实用，所以福特必须尽快推出一款新型畅销车，不然竞争对手就会击败福特。

而他同时认为，汽车行业的趋势会越来越好，往后十年汽车销量将会大幅度增加。他的目标人群则是年轻人，因为在 20 世纪 60 年代，20 岁左右的年轻人增长了 50%。同样，随着时代的变化，一些年纪较大的买主已经不再满足于经济实惠的车型，他们更希望追求豪华车型。

所以在解决福特汽车问题的同时，亚柯卡就运用了 PDCA 循环。在分析过程中，第一步是分析现状，他分析出红雀牌汽车销售状况不佳，必须生产一种新型畅销车的现实。

第二步，他需要找出这种现状的主要影响因素，比如红雀汽车太小、没有行李箱、20 岁的年轻人数量大幅度增长等，从而针对这些因素来制定策略，亚柯卡最终认为福特公司必须推出一款新颖的豪华车，性能好、更实用，适合饥饿市场。

执行期间，要定位品牌、产品等因素，野马车拥有行李箱，外形像跑车，比经济型车多了圆背座椅装饰车轮罩，外表也比较有特色，车身是白色的，车轮是红色的，后保险杠向后弯曲，像一匹野马的尾部。

因为美国对野马战斗机的名字记忆深刻，所以把野马当作这款豪华车的名字很有辨识度，还能彰显车的性能和速度，适合美国年轻人的个性。所以，福特当时为这个新车设计了一个 LOGO：一匹在疾驰中的野马的模型。

第三步是定价。在新车推出之前，公司邀请了 52 对夫妇分别进入陈列室参观，听取他们的意见和感想。而看到这部样品车，所有人都认为车太豪华，需要 1 万美元左右，但当亚柯卡向他们宣布车售价在 2500 美元左右时，这些夫妇都惊呆了，十分开心地表示要买这部车。经过这一社会调查，福特公司就更有信心把这部车推向市场时能够大受欢迎了。

第四步需要检查执行的结果。这一系列的营销策划让野马车风靡全美国，上市第 1 天就有 4 万人前往福特代理店购买，还创下了福特最高的销售纪录，一年之内售出了 11 万辆车左右。

第五步是总结成功经验，把没有解决的问题或新问题转入下一个 PDCA 循环。

复盘中，我们看到野马车成功的经验，即上述提到的几点：敏锐的市场洞察力、准确的市场定位、产品和价格等，这些经验将会被沉淀下来，在福特汽车公司生产新汽车时，也可以起到积极的借鉴作用。

当然，问题总会有的，随着市场的变化、时代的进步，人们对汽车的需求一定也会有新的期望，所以当产生新的需求时，PDCA 循环会继续滚动，而企业的发展也在这一次又一次的循环中得以进步。

查找原因而非盲目执行

鱼骨图又叫因果图，是日本管理大师石川馨先生发明的，它能够发现问题的根本原因，比较简洁实用，深入直观。

鱼骨图看上去很像鱼骨，问题和缺陷标在鱼头的位置，在鱼骨上长出鱼刺，按照出现机会的多少列出产生问题可能的原因，这样就有助于说明各个原因之间是如何相互影响的。我们可以通过头脑风暴的方法，找出影响问题的一些因素，把它们的特征按照关联性整理成层次分明、条理清楚的图形，这就叫特性原因图，因为它形状很像鱼骨头，所以又叫鱼骨图。用这种方法可以使管理者透过现象看到本质。

制作鱼骨图时分为两个步骤，先是分析原因、搭出结构，再画出鱼骨图。在分析原因、搭建结构时首先要针对具体的问题，找出不同的分支层次，其次通过头脑风暴，在各个层次中找出有可能的原因，对找出来的各个原因进行梳理归类，明确它们的因果从属关系，最后从中提取更重要的因素，简单、明确地描述它们。

在头脑风暴时，要尽可能找出所有可能的原因，不要局限于自己正在执行的内容，对人的分析不要从主观方面来看，要看他的实际行动。

选取的重要原因不要超过七项，而且重要的原因应该标在末端。接下来就要绘图了，把问题写在鱼骨头部，把问题分组在鱼骨上标出，还可以用特殊的符号标识出其中重要的因素。这种分析方法在一些咨询中也经常使用。想到一个因素，就用一根鱼刺表达，把能想到的有关项都用不同鱼刺标注，然后再细化，用鱼刺的分支表示每个主营相关的因素，还可以继续三级四级划分。这样一张鱼骨图就有了大体的框架。

通过这张图，领导者就会一目了然地认清当前的困扰和问题以及该怎么去解决和面对，哪些需要尽快解决，解决时需要调动哪些资源等。作为领导者，如果一个人的想法有限，让员工参与其中，效果会更好。

例如，某人想开家服装店，那么他就需要制作一张鱼骨图，列出自己开店计划中需要的资源。鱼骨头部就应该写上要解决的问题是开服装店，那么在鱼刺的部分要写上选址、定位、资金、人员、货源、库存、销售等，然后再在每一项里逐步地细化，主刺上还可以添加分刺，比如商品的定位、消费对象的定位、价格的定位等。这样细分下去，开店老板就会发现自己哪里存在不足，需要尽快解决。

领导者需要先查找问题的原因，杜绝盲目的行动，只有找到问题的根本原因，才能提高解决问题的效率。

只检查强调的事项

丽思卡尔顿酒店非常重视检查，他们认为出现问题后当天解决，成本只需要 1 美元，拖到第二天解决则需要 10 美元，再拖几天就需要 100 美元。检查应当一次到位，一旦发现问题及时纠正。

因此，在管理中，领导者要注意检查的重要性，如果没有检查，管理很可能是无效的，没有检查，监督也就无从谈起。当然，如果检查后不处理，那么检查就起不到它应有的作用。

考核计划和措施的实施效果、总结经验、找出问题、分析原因都是检查的一部分。作为领导者应当知道，在工作中，制度无法保证所有项目的正常进展，其中掺杂有主客观的各种复杂因素，所以领导者应当具备适时检查的意识，把差错遏制在摇篮里、纠正在源头中，以防错误继续扩大。

检查有很多方式，分为员工自检、同事之间互相检查、专门检查、暗中检查等。但是如果失察或者拒绝检查就是失职的表现，所以检查环节最能体现领导者有没有责任心，愿不愿意进一步改进工作。管理工作的一半是检查，只有认真履行检查责任，才能真正做好管理。

沃尔玛能够取得很大成就的其中一个原因就是领导者对员工工作的检查。员工把这种管理风格叫作"让你精疲力竭的管理和仔细检查式的管理"，因为他们的领导经常猝不及防地跑到现场对员工进行突击检查，并且对员工进行问询："事情做得怎么样了？"

当然，检查并不是不尊重、不信任员工，它是一种制度保证，管理中最不确定的因素是人，每个人都有可能因为种种原因犯错误，有了这种检查制度，就能够帮助员工改正问题，保证企业制度良好运行。

而领导之所以要检查员工是否犯错，是因为某些错误的代价太大，无论辞掉员工还是对他进行罚款，都不能弥补一个错误对企业造成的长远影响，所以领导者拥有更大的风险控制权。

领导者应该把可能出现的问题事先预设出来，做好检查，保证员工少犯错误甚至不犯错误，这是负责任的表现。IBM公司总裁曾经说过："你强调什么就检查什么，你不检查就等于不重视。"

一些领导者布置下去的工作毫无轻重缓急之分，因此员工按照他自己的理解对事物的优先级进行排序，结果当他做A事件时，领导者检查了B事件，并因为他未能重视B事件而对他进行批评惩罚，那么这就不是员工的问题，而是领导者的问题，是领导者未能将事情的重要性加以强调。

检查要和领导所强调的事情相关联，一件事情如果总是强调，却没有检查，员工就会对此放松，如果事情并没有强调，但是去检查了，员工也会不认真工作，会浪费很多资源，所以领导者应该抓住重点，做好计划。

听取员工的工作汇报是其中一种检查方式，但如果你只是通过纸面检查，不到现场监督，那么事件的完成结果一定会大打折扣。所以领导者应该直接检查，而非间接检查。当然，听取下属的工作汇报确实能够检查工作，为领导者节省大量的时间。但领导者必须清楚，员工在汇报时，一般只会讲工作的优点，工作里的欠缺却不会明确说明，这样的报告实际上并没有太大的意义，所以领导者在知道了这种情况后，应该对这种情况进行处理，要让员工知道对工作要诚实，有问题可以改正，不能给过程"掺水"，也要告诉员工不诚实会导致怎样的后果。

在检查过程中，领导者一定要快准狠，一步到位，检查之前不要事先通知，只有出其不意，让其感到意外才能检查出真实效果。而只要领导者有时间，都应该到现场做一些暗访。同样，检查方式要有所变化，不要每次都是同样的流程，从同一个部门开始检查，那么其他的部门就会做好心理准备。比如第一次从工厂查，那么下一次就从培训部开始查，在检查的过程中不要太有规律性，这样才能发现重点问题。

很多领导者在检查的过程中很难发现问题，这是因为他带了预设性的观点进行检查，如果能客观地从第三方角度，甚至从顾客的角度去审视，那么领导者就会发现很多问题，所以，领导者检查时一定要全身心地去观察。不要只看表面，可以多找机会和基层员工攀谈，了解实际情况，甚至找其他人对基层员工进行判断，从陌生人角度观察，问题便会暴露得更客观。

但是在检查中也要注意把所有事做完，过程和结果一样重要，都要严格把控。无论结果怎样，都要认真贯彻过程，领导者要让员工明白，做事要有始有终、有头有尾，让员工知道领导并不是随意地检查，知道领导的重视程度。

所以，作为领导者，就应该对员工有一定威慑力，这样更容易调动员工，当然，在此之前，还要了解好检查对象是谁，明确了解他们的信息，在检查工作中更加严格仔细，不仅能让员工知晓领导者认真的态度，对公司也更加有利。

使用大脑 GPS 地图

大脑里有个导航地图，根据一个点便能够找到一个位置，就算到了一个陌生的地方，凭借着大脑的 GPS 地图，也能够找到自己的目标路径。

这就像我们大脑的工作一样，要启动导航细胞，我们需要有工作目标、现在的进程以及去往目标的路径，它可以帮助我们找到方向。

大脑其实存在三种导航细胞。位置细胞可以绘制我们所处位置的地图，当我们经过某地的时候会指出我们所在的位置；头部方向细胞就像一个指南针，告诉我们应该朝哪个方向前进；网格细胞就像航海中使用的经纬仪，告诉我们已经行进的距离。1970 年，伦敦大学学院研究人员在大鼠的海马区首先发现了位置细胞，在实验中，大鼠的大脑海马区被安装了电极记录器，它们在陌生的房间里自由走动，这个时候大鼠脑中的位置细胞会根据它所在位置而选择性地兴奋，而只有当大鼠活动到房间特定的位置，这一位置细胞才会兴奋，就好像是大脑中放置了一个坐标，这样大脑才能记住到达了哪些地方。有趣的是，如果研究员把这只大鼠放到另外一个新的房间，它会自动把新房间的地图在大脑中绘制一遍，这样有限的大脑皮层细胞就可以记住不断出现的新鲜环境。

研究员对这个发现感到惊喜，与此同时他们也找到了新的导航细胞。这一细胞由纽约大学研究员发现，也叫作头部方向细胞，这些细胞可以辨别头部朝向的方向。比如大鼠的头部朝向北方，那么这种细胞就会兴奋，头转向南方时，另一种细胞就会兴奋，这种方向细胞不是利用磁场，也并非通过外界刺激输入感受方向，而是通过前庭系统感知方位。这种系统会负责身体平衡，综合眼内信息，方向细胞也利用了这个细胞而产生特定的兴奋。

有了位置定位和方向感知，那么如何连接 A 点和 B 点呢？这其中有很多条路线，但能够连接两者的就是最终发现的导航细胞，也叫网格细胞，之前实验中大鼠被放在相对狭小的房间之内，位置细胞一兴奋就会掩盖网格细胞的兴奋。而 2004 年网格细胞被亚利桑那州大学的科学家带领的小组发现，他们把大鼠安置在比之前更大的实验室里，最终发现了网格细胞独特的兴奋方式，即一种正三角形网格的兴奋，细胞呈正三角形分布，作用就类似于地图中经线和纬线画出来的正方形格子，它们可以把位置标记在大脑中。

当然，人的大脑里，不仅只有简单的导航。大脑还存在着认知能力，还会存储人的近期记忆，甚至可以存储更长时间的事情，方便提取，但是如果这个区域的受损，记忆能力就会丢失。

领导者需要在大脑中构建类似的 GPS 系统，用这一系统保证自己明确现状、未来方向目标以及通往目标的各条路径。

第七章

极简人才培养

极简人才画像

各企业对人才的需求从未停止，但招聘从来都是一件难事，因为人才和企业的需求很难适配。如果领导者没有想清楚自己到底需要什么样的人，就随便把人招进来，也是对他人的不负责任。

在招聘之前，领导者要知道，选最好的不如选最对的，那么，怎样才能知道谁是自己需要的人才呢？

这就需要用到人才画像，简单来说就是，你需要把这个人才的特征像画家画画一样描述出来。通过用户调研，了解用户的目标行为和观点差异，把他们区分成不同的类型，在每种类型中抽取典型特征，赋予其名字、照片、要素和场景，这样就形成一个人物原型。

人才画像由企业招聘的职位描述和需要的人才隐性内在潜质共同组成，但领导者往往看到显性的职位描述，而缺乏对人才潜质的判断。

当我们明确职位具体要求和人才素质模型之后，我们才能选择适当的招聘渠道，节省招聘成本，提高招聘效率。这一初始环节同时也决定了我们后续人才培养和人才发展规划以及制定薪酬模型、绩效标准等一系列依据。

在招聘之前，我们应当首先明确职位的名称，比如创业公司要招聘一名合伙人，负责业务涉及品牌、公关、营销等几个方面，那么他的职位名称应当是公关总监、营销总监还是内容总监？他的任职资格应当怎样设定？这些都要有清晰明确的标准。

比如我们常常在招聘网站上看到这样的招聘标准：

（1）本科以上学历，人力资源管理、心理学、管理等相关专业；

（2）8年以上大中型企业的人力资源管理相关工作经验，其中至少有5年招聘工作经验，具有高端人才招聘经验者优先考虑；

（3）熟悉各种招聘渠道、测评工具和面试技巧，判断力强，洞察力敏锐，能独立完成高级职位的面试工作；

（4）具有优秀的学习能力、强烈的自我激励和开创精神、出色的沟通协调能力。

实际上按照这个要求来招聘人才难度会非常大，因为描述并不具体，这并非公司真正的人才画像，所以领导者应当结合公司的实际情况，找到该职位要解决的主要问题，然后寻找具体的描述语言。

比如，企业想要招聘一位 HR 总监，那么他不但要为公司建立和优化招聘人才的选拔体系，最重要的是节省公司的招聘成本，那么这里就有个隐性需求，这名招聘总监手中必须存有大量优质人才，换言之，他需要自带资源，这才是企业的隐性需求，也是刚性需求。

那么人才画像具体应该怎样做呢？通常领导者需要经过采集数据、整合归类、提炼数据、构建画像和验证测试这五个步骤，人才画像才能基本成形。当然，这时的人才画像还无法做到完全精确，需要不断更新，尽可能做到精确。

在采集数据环节，领导者要知道这一岗位需要的知识、技能、人格甚至性格特征，数据通常包括八项：基本信息、工作经历、教育背景、人格特质、专业技能、胜任能力、自我认知和价值观。要围绕这八项展开收集，我们可以从人才档案、人才样本、招聘需求表当中寻找。人才样本就如内部一些高绩效的员工，以他作为描述依据，或者在外部找到目标的候选人，参考他的特征。如果领导者认为阿里巴巴的人力总监正是他想要的风格类型，那么，就可以以阿里巴巴的人才总监为样本描绘人才画像。一些硬指标是可以通过检索等方式收集到的，但是人格特征、价值观、资源等情况就需要通过其他方式获取。你可以多找候选人访谈，甚至找到你的样本人物，在访谈过程中你会对这一岗位加深理解。

接下来就要整合归类，把收集到的所有数据都按照要素进行分类，然后归档、构建画像，就形成了一个比较粗糙的基础人才画像框架。

在这些资料当中，你还要做好简化提炼工作，把最典型的特征提取出来，按照优先级排序，让人才画像更具体和立体。最后是进行验证测试，这就需要领导者在招聘过程中去实践，在面试候选人的时候，看他与画像是否相匹配，然后根据市场实际情况及时调整人才画像。拥有人才画像的招聘会更精准，更容易找到合适人才且提高人才入职后的协作效率。

当然，除了招聘本身，领导者用人时，可以对团队中不同的员工做好人才画像，接着依据他们的不同技能和特性做好任务分配，提高团队工作效率。

有效识别需求

一个男生说自己的择偶标准是善良懂事，结果却选择了一个漂亮、身材好的女生。用户经常说一套做一套，员工也是，因此，领导者应当了解员工的真实需求。

判断需求多半不能听他们怎么说，而是要看他们到底怎样做。我们可以用黄金圈法则来明确他们的需求。

西蒙·斯涅克在《从为什么开始》中提出了一种思维方法，用三个同心圆来描述人的思维模式，这个黄金圈从外到内依次是做什么、怎么做以及为什么。

很多人的思维是在最浅层，明确了自己到底要什么，清楚自己要做什么，但是没有在过程中优化路径，没有找到最好的方式方法；再向内一层也就是中间层，知道要做什么，也知道怎么能够优化，但原因并不清楚；所以只有到达了最内圈，也就是中心的时候，才能够知道自己的目标到底是什么，清楚问题的原因，也就有更大的决心来做这件事。这样有了内在激励的方式反而更容易做好，激励可以让工作效率更高，工作也会做得更好。做事不能只看浅层的表象，要思考本质的东西，这样才能够做出更好的决定。

许多领导者不明白为什么企业的人员流失率居高不下，但马云其实就洞察过真实原因，员工离职只有两个真实需求：钱没给够，心委屈了。

如果领导者没有搞清楚这一点，既没给够员工薪酬，也无法满足员工个人发展的需要，那么员工流失率高的问题就无法得到解决。

当企业员工因为得不到发展而选择离职或跳槽的时候，领导者只是一味挽留，给他升职加薪，同样是留不住的，因为对员工来说，核心诉求依然没有得到满足。

作为领导者，你应当分析员工的现状并进行员工职业倾向的测试，了解他们的真实需求，并应当及时与重要员工沟通，了解他们对未来的追求是什么、知不知道自己适合做什么、是否清楚自己的优缺点、有没有明确的发展轨迹、除工作外有没有影响自己做决策的其他考虑因素。

对员工进行职业倾向测试也是必要的，测试可以通过问卷调查的方法进行，也可以与其沟通或访谈，了解他的性格、兴趣、学习情况、应变能力以及有没有其他潜在的优势特征，当然还要包括薪酬福利、岗位级别、绩效培训等多个方面，然后把这些结合起来得出综合结论。

人岗精准匹配

有一名能力很强的技术专家，领导者希望重点培养，实际上这名技术专家也常常能解决一些难度超高的技术问题。后来，这名技术专家被提拔为技术部总监，负责带领团队完成年度目标。但没想到，没过多久，这位技术专家就无法掌控局面了，不仅管理混乱，技术人员连正常的业绩都无法完成，而且产品上线日期也总是拖延，领导开始不满意，部门中的成员也有很大意见。那么，为什么之前那么优秀的技术人员被提拔后就无法胜任了呢？

其实这就是因为人岗没能匹配好，有一类人只适合专家岗位、业务岗位，而非管理型岗位，他无法处理协作中的复杂问题，在人际关系上具有缺陷，所以正确的人岗匹配方式应当是构建岗位胜任力模型，考量员工的能力标准，做到真正的人尽其才。

人岗匹配是指员工和岗位的对应关系，每个工作岗位对人的素质等都有要求，任职者素质高于这些要求并达到规定水平，才能更好地胜任这项工作，获得最大的绩效。这种人岗匹配是一种双重的匹配，岗位要求和人的知识技能需要相匹配，工作报酬和人的工作动机也需要相匹配。

才尽其用，才能让员工高水平发挥。要知道，企业和员工是利益共同体，要切实考虑员工职业生涯发展，在考虑员工适合的基础上再做安排，如此一来，员工在岗位上才能充分发挥才能。

只有用好人才，公司才能获得更大的回报，这是真正的双赢。领导者在进行人才画像后，招进来的合适人才需要进行人岗匹配。匹配的起点是"知岗"，只有领导者了解岗位工作属性和内容，才能够更好地让人才与岗位相匹配。领导者应当就具体工作进行分析研究，不要脱离岗位要求和特点用人。而在识人的环节中，领导者应该对员工进行履历分析，与其面试交谈，甚至根据他曾经的操作经验进行匹配，以使员工更好地胜任这一岗位。

有句话叫：没有平庸的人，只有平庸的管理。每个人都有其特点和特长，领导者应当发挥员工所长。在用人的时候，切忌凭借个人好恶决定，而应尽可能保持理性。领导者应当了解其专长、经验和岗位特征，使其与工作岗位更统一。

即使如此，有一些公司的领导者依旧做不到人岗匹配。具体原因是领导者无法清晰地给出定义和数据。例如，进行岗位描述时，如果岗位未能清晰界定，在之前人才画像的步骤中，岗位定义本身就太过模糊笼统，那么按照这一岗位描述进行人才匹配就很难成功。同样地，对员工的人才判断标准也需要进一步明确，不仅包含他的知识能力，还要包括他对自身的认知、品质以及内在动机是否强烈等。只有充分考察后，才能明确员工是否真正胜任这一岗位。

评价的方法是否科学也意味着人岗能否较好匹配，如果领导者只通过显性要素评价员工，不看员工是否有潜力以及不考虑一些员工只能做不会说、很难发现其能力的隐性要素，那么，领导者有可能会错失真正的人才。这就要求领导者必须通过多种方式评判员工，并且需要观察每个员工的行为表现，而非言语表达。如果这种评价太过依赖领导者和面试者的主观评价，缺乏客观的评价标准，就会造成常见的人岗不匹配的现象。

描绘共同的愿景

愿景是企业的核心价值，也是企业存在的价值，如果一家企业缺乏理想和愿景，那么团队就会在风险和挑战面前畏缩不前，也就不可能拥有坚定持久的信心，不可能果断决策、从容应对。

比尔·盖茨描绘的愿景是："让地球上每个家庭都拥有自己的电脑，每个电脑都使用微软的软件。"毛主席在《星星之火可以燎原》中提到的愿景是："它是站在海岸遥望海中已经看得见桅杆尖头了的一只航船，它是立于高山之巅远看东方已见光芒四射喷薄欲出的一轮朝日，它是躁动于母亲腹中的快要成熟了的一个婴儿。"

愿景令人激动人心，让人展望未来。当然，领导者除了明确自己的愿景外，也需知道这一愿景必须是大家共同期待的，如果团队中有人不认可这一愿景，那么他们就很难帮助企业达成愿景。

只有大家衷心渴望实现某一愿景，他们才能努力用知识武装自己。同样，只有当企业愿景内化为员工自身的愿景时，这种意愿的效果才能显现出来，每个人在实现愿景的同时，不仅获得了个人的成长和发展，还会让企业迈向卓越。

因此，共有愿景是企业和员工共赢的关键，它能让团队保持斗志和坚定方向，是领导力的重要组成部分。

蒙牛集团刚在呼和浩特建厂房的时候，那里还是一片荒地，牛根生站在荒地上对蒙牛高管们说："兄弟们，好好干，几年之后，这地方就是一片现代化的牛奶工厂，生产车间旁边就是宽阔的高速公路。"

这种愿景的描绘颇具场景化，让每个人心中都充满了希望，有了努力的方向。在共同愿景的感召之下，所有人努力奋斗，齐心协力，最终成功将这一愿景实现。

一开始，企业愿景往往是领导者自己内心的蓝图，但如果仅是个人愿景，就很难把它变成所有人的共同追求。所以，公司愿景应当和员工个人的愿景有所结合，让其具备趋同性。

这一愿景需要照顾到团队成员的利益，这样才能对他们发挥激励作用。众人因为有共同愿景才能更加团结，凝聚众人的力量做大事，也使得目标更容易实现。

其实，要做到被所有人信奉很难，企业里面的人不会都保持一致的想法，企业的规模大了，人数就会多，达不到统一。我们常常在一些企业发展中看到，一些领导者只会用物质激励犒赏员工，却不给基层员工交代企业的愿景，如果只有创始人之间和高层之间了解愿景，那么员工就很难有足够的动力努力工作，积极达成企业愿景。

在《西游记》中，唐僧、孙悟空、猪八戒、沙僧观念想法各有不同，他们能够组成一个团队，是因为他们的目标相同，对这件事有共同的愿景，他们师徒四人取经的路上遇到了很多的困难与挫折，但是四个人齐心协力，才有了无限动力。

共同的愿景十分重要，在清华大学的发展过程中，清华大学曾经经历武昌起义、抗日战争等多次大事件，战争十分艰苦，但是清华的师生有共同的愿景，他们每个人都有科学救国的理想，每个人都为了同一个目标不断努力，这才让清华后来成为了名校。

公司的每个层级都需要清楚企业的愿景，领导者需要把愿景告诉员工，让他们为愿景付出自己的努力和劳动，鼓励员工拥有理想，能够让员工为了目标去不断付出，为了理想去奋斗。领导者还要和员工一起建立共同的愿景，只有存在共同的愿景，才能够让公司更好地发展。共同愿景不应当总是由领导者发起，否则这样的愿景对员工来说总像空中楼阁。但实际上，发布一个愿景只是第一步，如果愿景无法来自员工内心，就很难在他们心中扎根。

由最高领导者写出的愿景，是从领导者的个人意愿中建立起来的，与员工的个人意愿无关，所以，这时员工就被领导者强加了一个愿景，员工难以理解，并难以为之付出行动。因此，要想让员工积极投入，这种愿景必须建立在员工个人意愿的基础上，让更多的员工接受。

个人愿景的力量往往与员工自身奋斗的意愿关系密切，共同愿景需要借助组织中各个成员的共同关系，将每个人的个人意愿汇聚在一起，才能建立起团队的共同愿景。如果一个人只有团队共同意愿，而没有个人意愿，那么他只会依附于别人的意愿，也就是只会顺从，而提不出任何建设性的意见。

作为领导者，应当对团队每个人的个人愿景给予充分尊重，不把某个人的个人意愿强加给另外一个人，只有他们的个人意愿被鼓励时，共同愿景才能开始发挥作用，个人才能愿意为建立共同愿景贡献自己的智慧和才能。

领导者可以发起愿景，但是所有参与者应当展开讨论，参与制定属于他们的共同愿景。在领导者感召员工投入愿景之前，要注意和员工平时的沟通，沟通能够帮助员工自发投入，而不是强制和操纵他们。

领导者要帮助员工更具体形象地描绘出愿景，同时愿景也不应当太过理想化，领导者也应该宣传这个愿景为员工带来的实际好处。但是在愿景执行过程中，要从领导者自身开始，一味地说不如身体力行地去做，这样才能真实地产生一种凝聚力，为组织中的成员做出榜样。

数字化驱动团队

埃森哲首席领导和人力资源官艾琳·舒克曾表示："在技术当道的时代，像领导力和创造力这样的个人能力依然非常重要。成功的企业能够把握好平衡，充分利用技术来提升员工的能力，而不是取代员工。员工们对未来保持乐观，同时也认识到他们需要掌握新技能。数字技术能够将培训与日常工作无缝地衔接起来，让学习成为一种生活方式，从而加快员工学习的步伐，帮助员工和企业与时俱进。"

为了了解如何能够实现数字化，埃森哲战略调研了全球 10 个国家的 1 万多名员工，他们发现，各国受访员工都表示数字技术能够为工作带来积极影响，84% 的受访者认为数字技术能为工作带来积极影响，而超过 2/3 的受访员工认为机器人数据分析和人工智能这些技术能够帮他们提高工作效率、学习新技能和提高工作质量。

毫无疑问，打造一支面向未来的员工队伍是领导者紧迫的责任，如果他们能够意识到数字化驱动人力和团队发展带来的积极影响，他们就能够在业务增长和创新领域取得长足进步。

领导者应当注重培养员工在数字化时代的响应能力，投入更多资源帮助员工提升技术能力，包括面对新技术的创造力和判断能力，同时，领导者应该利用数字技术扩大员工的学习范围。比如为员工普及智能培训软件，针对员工特点提供个性化培训建议，或者帮助员工熟悉智能设备，让员工在执行过程中提高工作效率。

所谓数字化企业是指企业因为使用了数字技术改变并极大拓宽了自己的战略选择，它具有独特的战略特点，建立了一种企业模式，可以用新的方式创造出不菲的利润，建立新的强大的价值理念。

在数字化企业当中，商业关系如客户供应商、员工之间、核心业务流程等都可以通过数字化信息系统进行连接和沟通，企业核心资产如人力资源、财务等也可以数字化信息系统的方式存储和运作。

用数字化驱动团队，会使企业对外部环境的反应速度比其他企业要更快一些，让企业能够在激烈的市场环境当中保持较强的竞争力。数字化企业懂得理性地使用量化数字作决策依据，驱动团队行动也应当采用数字化的管理方法和手段。例如在人才管理当中，领导者应当运用数字化思维顺势而为，人才招聘可以通过人工智能技术自动筛选甄别人选，利用大数据技术对标行业人才报告、薪酬报告等，帮助领导做出更加合理的人才决策。

同样地，员工培训从原来一帮一、一带一的以老师为中心的学习模式向员工自主学习模式转变，员工可以利用移动设备在碎片化时间进行学习。大数据技术能够结合员工自身的情况为他们定制个性化学习方案并自动推送，帮助员工成长。

领导者要充分利用数字化平台的特点，打造学习型组织，赋能员工。在绩效管理方面，应当以数据为驱动，激励管理与绩效管理一体化，减少人为暗箱操作的可能性，保证公平公正，调动员工积极性。

极简领导力要以数据为基础，通过对行业数据、企业数据等的洞察，发现经验无法覆盖的部分，驱动团队决策和创新。

战略转型，人才先行，要让数字化思维贯穿企业与员工相关的方方面面，使其形成人力资源管理数字化的闭环，并持续迭代，不断进化，这样才能真正简化管理。

提问题而非给答案

管理大师德鲁克曾经强调过去的领导者可能只知道怎么去告诉别人该做什么，但未来的领导者一定知道怎么去提问。要知道，现在用提问方式领导团队的人太少了，大多数领导者都是用命令的方式给对方布置任务，而不是用讨论的方式与对方沟通。

看似最有效率的方式是领导直接给员工提供问题的解决方案，但如果你用另外一种方式——向员工提出正确方法让其去寻找答案，那么你会找到更好的解决方案。

随着社会的不断发展，信息变得越来越复杂，变化是存在的，而一个人在这种变化中很难掌握全部信息。由领导者一个人规定其他所有人去做什么是不科学的，也很难将问题的解决方案优化到最好，所以领导者没有足够的信息告诉员工应该去做什么。

尽管你用了更快的方式给员工提供答案，但是这种高效的完成恰恰遮盖了长远利益上的损失，你不仅影响了员工独立思考的能力，也使自己失去了接触新思想、新做法的机会，同时也很可能影响到整个企业的发展。所以，领导者应该具备比较好的提问能力，通过员工寻找最好的解决方案。

彼得·韦尔、彼得·圣吉、丹尼尔·高尔曼和马歇尔·萨斯金等管理专家都强调，领导者提出正确问题的能力已经成为21世纪领导者的关键竞争力。向员工提问，促使他们思考，使领导者做出更高质量的决策，提问的过程中涉及思考问题的多个方面，能够激励周围的人提出新想法，为企业带来创新源泉。那么，对于领导者来说，在提问之前应该明确的是，自己要通过这一问题达到什么样的目的。

例如让销售团队思考销售方案，你的目的就是从中选出最优的方案并让他们执行，那么你的问题就应该是激励他们去发现新的销售方式方法，拓宽他们的眼界，并且让他们自愿地认同这种销售方式。

这种提问方式还能增加员工的责任感，作为领导者你应该常常问他们："你怎样看这个问题？如果是你你会怎么做？你为什么要这么做？"这样会迫使他们思考且去发现答案。

当然，你要避免问一些伤自尊或是令人不悦的问题，比如："你觉得自己哪里做错了？"不妨换一种提问方法："你认为这次哪里做得好？哪个部分是下次任务中可以继续强化的？"

因此，领导者不应一味关注哪里做错了，而应该关注好的部分怎样改进、如何进一步提高业绩等，不应该总是抱怨和阻拦。

为了发现更多的可能，领导者可以用提问的方式给予员工更多的理解，但是在提问过程中不应该太过虚假、严厉，而是应该轻松开放，用真诚的方式进行提问。

在此期间，作为领导者不应该连续地问问题，问问题频率太高并不好，会给人一种压抑感，让别人觉得像在审问一样，要留给对方充足的时间去思虑，比如就提出三个问题先让对方思考，思考过后，再进行相应的回应比较好。不能太过焦急。在此过程中，让自己的音量尽量低一点，不要用太大的声音扰乱别人的思考，态度要十分真诚，语气平和一些，对方觉得自己受到了尊重和信任，问题的答案也就更好去寻找。

如果你真诚地提出了一个问题，让对方感觉到你是因为信任他、尊重他才想听他的意见，那么，他便会想方设法地好好完成这项任务，而且，思考的结果或许比你还好。这样就锻炼了员工独立思考的能力。

比如，领导者可以问这样的问题："你认为这篇推文的标题可以怎样优化？你认为我们应该制定一个怎样的工作目标？我们可不可以从其他角度看待这个问题？我们是不是可以多做一些改进？"

不能问已经是既定事实的问题，因为那是无法改变的，继续问下去只会打击员工的自信心，下一次他做工作时压力也会很大，比如质问为什么这次做不好等，这样会给对方施加一些压力，从而对方也会产生情绪问题。

事实上，有许多领导根本不会考虑怎么能够让员工做得更好，思考在自己身上存在的不足。在日常管理中，领导者应该用循序渐进的方式去启发引导员工，那样花费的成本其实很少，相对而言时间也花费很少，最重要的是效果比之前也会好很多。

发挥员工创造力

谷歌曾经有这样的面试问题：一辆校车能放多少高尔夫球？类似这种问题都没有固定的答案，谷歌最初认为，最重要的是看员工如何分析问题，这样容易筛选到一些高创造力的员工。

但实际上，谷歌已经承认使用这种问题判断员工是否有创造力效果并不大。因为创造力并不是灵光乍现的东西，创造力是可以培养出来的。

谷歌还踩过这样一个"坑"，他们一度认为应该把经理的职位撤掉，因为经理可能扼杀掉创造力，但后来发现没有经理员工更容易分神、陷入混乱，所以这其实并不利于培养创造力。

关于如何使公司经理工作更加高效地培养员工创造力，谷歌曾经研究过，认为使经理工作效率更高的方法有以下几种：做事不必事无巨细，让团队去发挥作用；必须专心聆听员工的成果以及个人福祉；需要努力给团队建立一个战略规划实现共同愿景；需要掌握专业技术知识，使他们能够充分了解和评估团队创造性的想法。

陈春花在微信总部参观时曾经说过，她发现工作环境设计得宽松会放松人的心情。那里还有供员工交流学习的场所和设施，更重要的是，公司已经形成一种员工自我管理、自我承担责任和目标的习惯。其实，形成良好企业文化比传统的管理方式更容易激发员工的创造力。创造力是产生新颖而且有价值的想法的能力，它被认为是企业和个人成功的关键。创造力、劳动力和资本三者结合在一起时，创新才成为可能。

显然创造力的重要性人尽皆知，但是很多领导者并不知道如何提高员工的个人创造力。全球 1400 多位企业领导者曾接受麦肯锡的调查，有约 70% 的领导者把创新放在企业发展应当优先考虑的前三项因素之中，但是，仍然有 65% 的领导者表示他们十分缺乏激发员工创造力的自信和手段。

王石说过，企业的"脓包"就是绩效主义，绩效的考核是一种手段，它可以解决一些问题，但不能够解决全部问题，所以企业的不断发展进化还需要员工的创造力。

在中欧国际工商学院的研究中，人们发现在各种领导者类型中，最有可能激发员工创新性的是变革型领导，他们可以通过自己的领导魅力、感召力、智力等激发个性化关怀，这样员工才会认识到自己承担多重的责任和任务，激发更高层次的需求，达到更高水平的绩效表现，还可以挖掘自己更大的潜力。他们会按照员工个人特质来区别性地培养他们，他们不把员工培养成执行机器，而是希望员工认为自己是有价值的，鼓励员工做自己。

领导者甚至会和员工成为伙伴关系、朋友关系，他们希望员工在挑战中获得成长。同时，变革型领导者会向员工宣贯一些新的观念，鼓励员工提出新的建议，发表新的见解，并勇于挑战自我。

除此之外，领导者还要给员工一定的奖励，这奖励除了物质上的，还要有精神上的，给他们个人发展的朝向，使他们拥有个人的成就感，实现自我价值，从而积极主动地为企业奋斗。而如果领导者具有让员工信任并尊重的人格魅力和专业水准，愿意倾听员工的想法，并鼓励员工试错，那么就能极大地释放员工的创造力潜能。

制度保障激励

2017 年，海底捞的年营收是 106 亿元，2018 年，海底捞承诺要新开 180~220 家店，且 2019 年营收目标达到 300 亿元。作为头部餐饮企业，海底捞为什么能走到今天？正是因为其对员工进行了良好的激励。海底捞员工的薪酬十分可观，员工底薪 4000 元加上绩效奖金，平均能到 6000~7000 元，这一待遇高于大部分餐饮行业的薪资。当然，除了薪资待遇之外，海底捞还有很多食宿福利，这些都是留住员工的手段。

张勇认为，满足人的基本生存需求十分重要，于是张勇会给员工一些基本的生存保障，多劳多得是他提倡的，有了生存保障，有了基本的薪资水平，才能够留住员工。2017 年的海底捞员工的人均成本是 6.2 万元，该数据比酒店和餐饮行业的年薪高 1.68 倍，这样的薪资水平足以激励海底捞员工留在公司。

为了让员工拿到高于行业平均水平的薪资，海底捞给自己定了一个条件：如果其他餐饮店为员工涨工资，那我们也涨工资，因为只有高于其他家的工资水平，才能吸引到更优秀的员工。

海底捞曾经使用过底薪加绩效和底薪加绩效加分红的工资结构，但在这种结构之下，绩效和分红根本拉不开差距，很难起到激励作用，所以他们采取了计件制工资，多劳多得。

制定了激励制度之后，由于干得越多拿得越多，每个人都愿意多干，这样也就变相提高了每个人的工作效率。因此，原来五个人能做的工作，现在3个人就能完成了，在薪资提高的基础上，员工的数量反而降了下来，对海底捞来说其实更划算。而对员工来说，也拿到了比之前更高的薪水，可以说这种激励制度就是一个双赢的结果。

另外，海底捞的岗位层级划分得很清楚，初级、中级、高级岗位及领班、大堂经理和店长等，每一级收入差距都被清楚地标出，并且级别与级别之间的待遇差距较大。任何人都可以获得晋升的机会，但前提是要通过考试。

考试的内容是理论加业务操作，衡量的标准就是顾客的满意度，考官则是自己的师傅。为了令客人满意，海底捞还采用了这样一种激励制度：员工晋升的衡量标准与顾客满意的次数相关。所以如果服务人员让顾客更多次感到开心满意，那么升职就会更快。

这就是为什么很多顾客到海底捞吃饭可以获得果盘、蛋糕、玩偶等，过生日的时候也会受到特殊待遇，这些都是海底捞的员工为了自己的业绩，而愿意为顾客自发地提供帮助。在这种激励制度之下，员工、顾客和企业三者的利益达成了一致，那么企业怎么能做不好呢？

但是，在一些企业中，激励机制并不完善，许多时候激励方式不被企业采用。领导的喜好似乎代表着谁可以得到奖金，谁会受到激励。但是在海底捞这样的问题似乎不存在，谁做得好、谁做得不好都是公开透明的，谁做得好就可以升职，谁做得不好就放弃，把位置让给那些优秀的人。员工升级时需要一级一级升，降级却不是这样，降级可以越级下降，这种激励方式更加合理，优秀的人才也会在企业中占据重要的地位。

绩效在海底捞不是十分重要的，不会因为员工的绩效高，就可以升职，那样员工就会为了升职去追求绩效。这样的方式不对，为此，海底捞还会设置一些激励机制。例如会让12位神秘人去自己的门店用餐，从顾客订餐到离店其实都是在考核店长。通过神秘人填写服务情况，可以为店长打A、B、C三个等级，如果店内有员工的服务未达标，那么店长就可能面临降级的风险，也正因为有了这种奖惩保障，店长才会严格要求店内的员工为顾客提供好的服务，否则自己的前途也会堪忧。

　　而店长的升降和业绩是没有直接关系的。薪酬虽然和利润相关，但升级和降级却是可以脱离利润存在的。也就是说，利润上百万元的门店如果管理做不好，服务做不好，店长依然会被降级。

　　海底捞对员工同样有师徒机制的设定，当一名新员工入职的时候，会有一个师傅带他进行实习培训。实习期满新员工会和师傅一起做服务员，业绩是共担的，如果新员工能够晋升到管理层，那么他的师傅通常就是店长，店长会教他一些管理的技能，让他拿到海底捞大学的认证，这个时候，员工就可能会成为新店的储备店长。

　　同样，作为店长，还可以获得财务奖励，这一财务奖励和自己带的徒弟还有一定关系，比如店长可以获得他管理餐厅利润的2.8%，或者他管理餐厅利润的0.4%加上徒弟管理餐厅利润的3.1%以及徒孙管理产品利润的1.5%，在这两种激励机制当中选择数据更高的一种作为他的财务激励。也就是说，这时候师傅的利益就与徒弟甚至徒孙挂钩了，那么他就会尽心尽力地带徒弟，试图让徒弟也做得优秀，这样自己才有可能分到徒弟的利润。

　　领导者要知道，企业发展更多时候依赖的是企业内部的激励，而非外部的刺激，所以当员工被激发出奋斗动力时，公司的业绩就会自然得到增长。

　　我们看到，海底捞的良性激励机制在企业发展中起到了多么重要的作用。因此，领导者需要建立科学的企业激励文化，只有制定良好的激励制度，员工才更有动力为用户体验和企业发展努力。

第八章

极简沟通协作

了解沟通对象

    沟通是人类最基本的交往方式，在企业管理当中起着至关重要的作用。人类社会中任何一个组织都是由两个以上个体组成的群体，沟通能够维系群体之间的关系，是加强组织关系的纽带。通过沟通，管理者可以创造并维护企业文化，提高企业运行效率和效益，推动企业不断进步和发展。

    管理当中的核心都要通过沟通来实现。现代管理学有一种说法：管理就是沟通，因为任何问题都可以通过沟通解决。

    如果一个管理者其他能力占到80%，而沟通能力只占20%，那么他的计划和愿景就难以良好传达。如果无法让员工感知到企业愿景、感知到自己未来的发展前景，那么即便领导者的愿景和计划再好，到了执行时也会大打折扣。

    所以对于企业而言，有效的沟通可以带来以下几点明显效果：首先，它能够激发员工对工作的激情和热情。由于目前市场企业面临的环境比以往更加复杂，竞争也更加激烈，这就要求企业员工能够适应这样复杂和激烈的环境，兢兢业业地做好本职工作。

    这需要领导者更好地留住人才，说服他们在工作中投入全部的精力，激发他们更高的工作热情。当然，保证员工自发积极地工作，要让他们知道未来可期，理解并认可企业的愿景和价值观，让员工在工作当中体会到价值和意义。那么这种目标的制定以及向下传达，或者员工参与制定目标的过程都是一种双向的沟通，而这种沟通能够使员工对目标的理解更加深刻，从而激发他们的热情。

其次，良好的沟通可以解决公司出现的一些问题，提高企业发展效率。如果员工在一线遇到问题不向上汇报，领导调整工作计划时不向下传达，那么企业就会各自为政，最终变成一盘散沙。只有双向的充分沟通，才能使领导者及时发现工作当中出现的各种机会和问题，在这个前提下才可能解决问题，公司和部门的业绩才能有所提高。

同样，当领导者愿意与员工沟通时，就是在表达对他们的信任，这比单纯的命令更容易得到好的反馈，员工也更愿意为领导者思考问题、做出决策，提供更多的信息和建议，这也是为制定制度、改善方法措施的正确性提供保证。

在这种充分沟通的过程中，员工如果能提出一个小小的建议，可能会带来企业绩效的大幅提升。因此，领导者应当重视沟通带来的隐性价值。

沟通能帮助领导者更好地建立个人影响力，形成个人魅力。只有在与员工交流过程中，员工才能受领导者的处事方式、专业水平、性格特征等影响，领导者的思想和主张才能被员工广泛认同。

在此期间，领导者可以得到员工的信任并且提高自己在公司的影响力。沟通是对员工的一种很好的激励，学会沟通，可以营造好的工作氛围，好的人际关系，最终会影响员工的积极性，从而影响公司的整体业绩。所以沟通必不可少。

领导者需要充分了解自己的沟通对象。首先，要清楚对方的职责是什么，更有针对性地沟通。其次，要清楚对方掌握了多少信息，有怎样的知识水平，了解行业和公司到什么程度（当然这些可以根据员工的个性特征来判断），为何要从事这份工作，是什么原因，对这份工作是否热爱。最后要清楚对方的利益点，是单纯为了升职加薪还是想提升自己，领导者一定要十分了解对方的利益点，抓住这一点才能让员工一直留在公司，为公司做出更多贡献。

了解员工的性格也很重要，他的性格怎么样，喜欢什么样的沟通，如果对方喜欢在安静的环境中沟通，就可以选择在私密的环境下沟通，环境安静且较为轻松。如果对方喜欢严肃的沟通方法，那么可以在会议室或者其他环境进行沟通，或者与他以发送信息、邮件这样的方式沟通。沟通上的障碍需要被克服，企业的领导人需要采用一些方式方法，用有效的策略和方法解决问题，进行有效的沟通。

选择沟通方式

很重视沟通的松下幸之助常常会问员工对一件事的看法。松下会经常在工厂里走动，首先是能够在厂里面发现一些问题，其次可以跟员工们进行深度沟通，了解情况。在了解和充分沟通之后，员工才会对领导更加信任，更加佩服。所以作为领导需要多加学习、了解，深入地与员工进行沟通。

美国沟通杂志调查显示，领导者有 45% 的时间在听，16% 的时间在看和阅读，30% 的时间在问和说，9% 的时间在写，所以，听、说、读、写这四项是企业中经常用到的一些沟通方式。

在沟通之前，这些工作需要领导者先行一步：首先，要优化组织整体的沟通环境，形成开放的、自由的、通畅的沟通渠道。让员工具备一定的沟通知识，遇到问题先沟通交流解决，而不能在未沟通的情况下擅自做决定，而且，对方要能够对沟通方式、沟通各类媒介等有基础了解。

其次，沟通氛围很重要。沟通过程中，领导者与员工都要诚信，不能够欺骗别人，"办公室政治"挤兑欺负人应当杜绝，领导应该采取员工的一些建议反馈，照顾员工的情绪。虽然这只是一个小环节，但是也十分重要。

再次，两者要有共同的目标，在这一共同目标的基础上，为了组织和双方的进一步发展试图进行沟通，如果目标不一致，那么沟通就会存在障碍，很多时候这样的沟通是无效的。

最后，领导者要能够搭建并疏通沟通渠道，比如领导者应当通过什么方式向下宣贯公司新的计划任务、奖惩措施等，而员工该如何向上汇报和建议，这都需要领导者认真考虑。

在沟通时，为了提高效率，每一个具体事项都要明确沟通的目的，且一次沟通中目标不能太多，这样才能让沟通的范围更加集中，使得沟通更加顺利。在沟通时，领导要注意用对方能够接受的词句表达，叙述条理清晰，言简意赅。要学会从对方的角度考虑问题，确保这种表达方式对方能够准确地理解，这样可以加强沟通。沟通很重要，沟通的方式更重要，方式不当，很容易适得其反。

同时，领导者不应该把事情弄得太过复杂，如果复杂只是为了突出自己的专业性，那么这种方式并不可取。普通的传达信息过程本就不易，变得复杂的信息传达就会遇到更多困难。化繁为简是一个好方法，把复杂的东西拆解开，变得简单，简单的任务能让人一眼看出重点，员工会更加清楚，完成任务也会抓住重点并且快速。

一些不是专家的专家特别喜欢复杂化一个简单的事物，说一些大道理，让人云里雾里，故意在话语里加一些专业术语，显得十分"高大上"。其实这是不对的。为了显示自己高超的专业水平而把事情说得复杂的话，别人很难弄清楚具体的意思，也难以了解事情的本质，会给完成相关任务增加难度。别人都听不懂的东西，不需要讲。没必要把事情搞得复杂化，简单化才是一件事的本质。

领导者在沟通过程中需要认真去倾听。倾听过程中，领导者容易犯的错误是：在别人讲话时缺乏耐心；想要表达自己的观点，在过程中打断别人说话；因为立场不一致或者不能理解话语里的意思，没听完就直接反驳。

那么，什么样的倾听是有效的呢？倾听时要有耐心，注意不要听到观点就急于反驳，可以再多听一听对方的理由。适当地放松一些，不要让对方感到太紧张，在倾听时融入对方讲话的场景中，拉近彼此的距离，有时多一些耐心，你会多接触到一些新知识，多扭转一些刻板印象。

沟通很重要，无论是在生活还是工作中。假如对方在说一件事时出现了一些问题，先沟通而不是进行批评。为了达成某个任务，不能只是抓住别人的问题和错误，而是要先沟通出现问题的原因，了解并知道怎么解决问题。如果只是抓住某个员工的问题，员工本身也会失去积极性，变得消极起来，从而不愿意再为公司提出问题的解决方案。批评并不是一个好方法，应该多加沟通，分析问题解决问题，员工才能够更好地完成以后的任务。

表达时要注意语法、词汇、修辞、语气、语调，语法是要把话说对，修辞是要把话说好，词汇的作用是要把话说准，如果要让整体表达显得更加精彩，那么就需要调动语调、语气甚至肢体动作的力量共同表达出来。表达时领导者要注意，使用"KISS"原则——"Keep It Short and Simple"，也就是把话讲得简短又简单。

如果员工情绪不好，就暂时不要表达，如果对方正在关注一个重要事项，也不要立刻表达，如果对方目前抗拒这件事，那么要等对方情绪冷静后再说。要知道，在表达的时候，即使你的内容再好，也要抓住良好的表达时机。

适度问责

问责是领导对员工的一种指导行为，问责并不是需要用语言进行激烈的批判。其实问责的核心在于找到问题并解决问题，一旦领导者情绪激烈，反而对解决问题有所阻碍，加深彼此矛盾，所以问责的过程应当更加平和。

员工需要有自我成长的空间，领导者应当给予这种空间，但这不代表员工可以随心所欲。没有问责就没有压力，员工就很难突破自己的舒适圈，提升自己的能力。在处理事情时，没有旁人的问责和指点，当事人本身往往很难发现问题。

正确的问责就是找到员工自己都不知道的问题，让他们突破局限，获得成长。如果领导者发现了员工局限性，却没有及时指出，员工不仅会养成遇到错误不愿意担责任、不挖掘问题的本质、不想办法纠正错误解决问题的毛病，还会故意掩盖隐藏或者无视问题，那么等到这种行为模式形成后，领导者再想干预就为时已晚。如果领导者突然暴怒，说明问题已经十分严重，这个时候要更麻烦地去解决问题，最终才可以达到真正解决问题的目的。问责不是指责，指责会破坏两个人本来的关系，而问责是一种监管方式，是指导、支持。发现问题及时去解决问题，让员工更好去认识到问题，并不断成长，这才是领导应该达到的目的。

要把握适度原则，作为一个领导者，做决策时必须十分谨慎，把握一个度，注意一定的界限。做事情一定不能太过急躁，否则会带来很多不好的后果。事物不能过一定的限度，否则得到的结果就会不尽如人意。

在公司里，领导为了让员工不迟到，经常会提出一些正向的激励方式，对不迟到的员工给予奖励、发奖金。领导常常认为这样的方式就会激励他们，他们就不会再迟到，因为这样的奖励机制是领导者相信的，他们相信用这种方式可以减少每天迟到的人数。但过了几个月，领导者却发现迟到的行为不仅没有减少，反而有了增加，那么面对这种情况该怎么办呢？最终，领导者把奖励改成惩罚，迟到的按照制度扣钱。为了把制度变得人性化，第1次迟到扣50元，第2次扣100元，第3次扣200元，逐渐叠加。试行几个月之后，会发现迟到的现象大幅减少。

激励是大家普遍认为最有效的机制，其实不然，问责才更加有效。激励或者惩罚相对于问责来说无法带来太过深刻的思考。问责是领导让某个员工矫正行为的过程，员工更能从中认识到自己的错误，对工作更加负责。

当然，问责要讲究技巧，适度的严苛会令员工有积极性，员工会知晓什么事情可以做，什么事不能做。问责只是一种特殊手段，为了改善工作态度，并非有其他意图或目的。当然根据不同的情况，也可以改变问责的严苛程度。在此期间，领导要公平对待，人人平等。如果员工犯了很严重的错误，可以当众批评，给其他人以警示，但是在一般情况下，私下说就可以了，毕竟问责是为了让工作更好，让员工认识到错误，并积极改正。当然，批评是私下行为，问题则需要当众解决。一个优秀的团队必须是一个整体，每个人都对团队的行为负责，并清楚问题出现的原因和问题解决的办法。

在问责过程中，一定要抓住要害，如果领导者的责备和惩罚不痛不痒，不够深刻，那还不如不惩罚。因此，领导者一定要拿捏好问责的尺度，才能使其成为有效的管理手段，当问责到位时，会带来成长，而问责不到位时，则会带来负增长。

第一，问责过程要精确到一件事情。必须要让员工认识到问责的原因，对此要非常清晰，要让对方针对具体事情进行相关改进。

第二，在问责期间，领导不应该对员工实行人身攻击，不要给别人贴不好的标签。就事论事，也不要夹杂个人恩怨。

第三，在对其问责时，领导者要有依据，要了解清楚事情真相，再发表看法，千万不要人云亦云。

第四，进行问责时要根据每人不同的性格特征采用不同的方式。如果某个员工脾气不好，就需要用温和的语气与其进行沟通。如果某个员工十分要面子，就给他留点面子。内向和外向的人也要不同对待，如果太过内向，则更需要好好沟通。

由重管理向轻管理转化

管理过度包括组织机构层级过多、制度形式大于内容、流程繁杂冗长、会议太多且效率不高等。比如随着企业规模的扩大，领导者没有很好处理集权分权的关系，使得高层领导者有极强的决策权，他们可以拍脑袋办事，无限制地增加职能部门和管理层次，使得各个部门间的摩擦增加、协调性减弱，导致执行效率变低。

本来一项决策很好达成，但因为层级过多，需要层层开会、审阅、讨论，而且各部门对这种结果都不负主要责任，这就会让决策的效率大大降低，而最终决策出的结果也并非最好的，这就要求领导者尽可能简化管理。

轻管理就要先重构企业，在这一基础上为管理做减法，适度管理，让管理在互联网时代实现从重管理到轻管理的飞跃。

我们看这样一个案例：

某博士是咨询顾问机构的首席咨询师，刚刚进入咨询领域时，国内有一位中小型企业的 CEO 向他咨询怎样管理好自己的企业。这位博士为其策划了一项方案，告诉他应该做九件事：

（1）需要用一年的时间建立集成的信息管理系统，以提升管理的可视化。

（2）为此，公司首先需要梳理岗位体系，明确 130 个岗位的职责及胜任能力需求。

（3）为了梳理岗位体系及实施信息系统，需要优化 200 个三级流程。

（4）在梳理流程之前，需要首先确定管理模式和组织架构。

（5）为了确保组织架构的平稳过渡以及与业务的协同，需要优化运营模式。

（6）运营模式必须支撑商业模式，所以公司将先期进行商业模式的研究。

（7）商业模式的基础在于企业的使命愿景及战略定位，需要事先予以研究。

（8）战略升级的根本在于干部队伍的建设，所以公司需要同时进行领导力建设。

（9）领导力最终将转化为执行力，所以必须与文化的提炼和推广相结合。

看完这些意见，这位 CEO 便告诉博士："我看你还能写出更多来，我这 CEO 干不下去了，干脆把企业送给你吧。"

为什么这位博士给出的咨询意见不被企业领导者认可呢？其实，从理论来讲，博士并没有错。但现实当中，这种所谓严密管理逻辑和科学精细的管理方法却并未触及管理的实质。这套管理理念太过完美了，却只是为了管理而管理。

在经营过程中，如果有一系列复杂的形式化的内容存在，企业的效率不会高。重管理是一种做加法的概念，它的意思就是企业在发展中太过重视管理的应用。指导企业发展的如果是太过复杂的管理的理论和工具，这样的管理必然会是企业的负担。

关于管理，许多人会犯这样的错误：过于重视企业的管理作用、技术、职能、结构。但是过于看重管理，就会出现以上案例的问题，认不清楚适合跨国企业的体系管理并不适用于本土的创业型企业。

管理当中最忌讳不适合，无论这套管理体系多么规范、多么严谨、多么科学，这种管理体系所带来巨大的管理成本和管理基础都是成长性企业所无法具备的。而轻管理就是让管理者将注意力集中到最需要关注的地方，花最少的成本、最少的精力办最大的事。

轻管理就是简化管理，是为复杂的管理做减法的概念，指的是在管理当中不应该盲目使用复杂的管理方法，而是从管理的原点出发，根据企业不同需求层次和管理现实中主要矛盾的需要，按照轻管理决策的模型举重若轻，动态地选择最适合简单的管理方法，实现轻松管理的目的。

让下属制定长短期计划

打麻将的第一步是制定规则，上了麻将桌，任何一个参与者的玩法规则都是一样的，如果你不同意，你就没法打。规则有其重要存在意义，规则制定得越规范越完善，执行的成本越低，效率就越高。

澳大利亚曾经是英国用来流放囚犯的地方，但是澳大利亚却依靠好的规则建立起了联邦国家，发展到现在依然强大。有这样一个经典案例：当年英国政府向澳大利亚运送囚犯的时候，如果按上船的人数提前付费，那么在漫长的行程当中，囚犯就会死掉很多。但是如果按照下船的人数付费，囚犯的死亡率就会大大降低。这就说明规则能够很大程度上决定事情的结果，甚至引导人走向善恶两个方向。

一些领导者总认为规则很难带来好的效果，其实不然。要知道，如果一项规则执行不好，要么是规则不具备很强的可执行性，要么就是领导者没有很好的规则管理意识，领导者带头违反规则，或员工违反规则不给予惩戒，那么规则就形同虚设，管理的成本就会越来越高。

想要提高规则的执行效率，就要先让参与者都理解并认同这一规则，这就涉及规则应该由谁来制定的问题，很多领导者并没有想清楚规则的本质，所以他们常常让几个部门负责人拍脑袋决定出规则，最终走个流程，他签个字就是规则。

实际上，因为这样制定出来的规则不具备可操作性，也不被员工认可，所以常常会出现各种各样的问题，导致执行起来非常困难。因此，规则要适当让员工参与制定。

在西方议会当中也是有规则的，一般遵循多数人原则，同意人数过半或超过 2/3 才能通过，而修改宪法要超过 2/3 的人同意。企业制定规则也要询问员工的意见，让员工提出意见，共同商讨。这样一来，员工执行时才会更容易接受。

权责是相匹配的，有多大权力就有多大责任，如果领导者想让员工尽心尽力，并愿意为自己做出的行为负责，那么他就要给员工一些权力，否则员工没有权力也就没有责任，他也就不用为一些错误负责任。

适当放权，让对方有参与制定规则计划等决策权，他便能更加意识到自己肩上的责任，而往往承担责任的人会比不承担责任的人更积极更上进。因此，在管理当中分配权力，其实也是分配了责任。

参与式管理是企业管理的一种方法，领导者在决定重要事项之前可以多向员工征求意见，共同协商，这样能够最大限度发挥员工的工作积极性，发挥他们的聪明才智和创造力，做出更好的解决方案。

让员工参与制定长短期计划，能够使彼此间的关系更加融洽，有利于团队拧成一股绳，共同完成一项任务。

为了让员工更加有积极性，丰田让员工们参与管理，设有绿色的意见箱，有任何问题可以提出建议，若建议被采纳，便给提建议的员工一定的奖励。用这样的方法，一年的时间丰田就收到了将近 90 万条建议，采纳率高达93%，而奖金更是高达 9 亿日元。就算建议不被采纳，丰田也会采取一些精神上的奖励，还设有专人负责，收取合理的建议并采用。

学会说 "No"

作为公司的领导者，面临的最大难题就是总认为机会难得，于是一旦遇到机会就会牢牢抓住。但是，作为公司的领导者，一定要学会说 "No"。

在企业发展过程中，会面临缺人手的问题。而在招聘过程中，如果你太过着急，马马虎虎招聘了一个能力一般、态度不端的人。短期看，似乎弥补了团队人手不足的缺陷，但长期来看，这名员工的存在很可能阻碍公司的发展。并且随着公司的日益壮大，这名员工的能力不足以适应发展，那么他就会面临被淘汰。这样一来，领导者就需要花费精力去辞掉这个人，这会使管理变得更复杂，不如从一开始领导者就敢于 "Say no"。否则这种招聘中的错误，可能会毁了一个公司。

同样地，如果一个领导者发现用户的意见中频频提到一些新功能，为了迎合用户的意见便随意为产品添加新功能，但他却忘了新功能越加越多，原本专注的产品如今已经变得 "四不像"，虽然能够满足一部分用户的需求，却有另外一部分用户因为这些新功能而走掉。

微信创始人张小龙做事情特别有自己的原则，做产品也有自制力，不妥协，敢说不，这样才能够做好产品，保持核心用户不流失。

尤其对于创业公司来说，常常会有一些短期合作能为公司带来一些短期收入，但这些项目是否能够持续化、规模化进行？为了这些短期收入，是否需要从核心业务上撤走大部分精力？这份收入是稳定的吗？是能够长期依赖的收入来源吗？如果不是，作为领导者要勇于说 "No"。

作为领导者，你应该能够准确判别做这件事的价值及投入产出比是否划算。例如你的企业没有融资需求，但你依然在这个阶段积极接触各大投资人，也许你是在为将来筹谋，可它同样会耗费你的精力。你可以在真正需要融资的时候再去接触他们，因为大部分投资人会以和你的第一次接触为参考来评判你和你的公司。到那时，公司具备了融资条件，再与他们约见，效率反而更高。

知乎上曾有一个这样的问题："生活中有哪些残忍的真相？"其中有个回答是这样的，你越弱坏人越多。的确，当领导者不能守好自己的原则底线时，来试探你底线的人就会越来越多。

挑战底线是一种本能。比如孩子向家长要玩具，如果家长同意了，他们下次不仅继续要，还会多要一个。如果家长不给，他们就哭闹，想尽一切办法让家长同意。所以，一些父母在教育孩子时会注意，如果对方试探自己的底线，那么就强硬拒绝，哪怕孩子躺在地上打滚，也坚决不能同意。几次过后，孩子就会学乖了，不再乱要东西。

在职场当中也是如此，如果作为领导者的你与某个员工关系较好，他做错了事，让你帮忙掩盖，你会不会同意？如果他向你提出了一些无理的要求，你能不能拒绝？如果你碍于人情，这一次没能拒绝，那么下次对方会得寸进尺，一次又一次践踏你的底线，最终让你忍无可忍。

拒绝之前领导者应该明白自己的标准和底线在哪里，有的人不懂拒绝就是因为根本没想过这个问题。比如员工犯错应当怎样惩罚？扣多少奖金？优秀员工人选的标准是什么？优秀员工业绩需要达到多少？对客户交付的时间有没有心理预期？超出多长时间是绝对不允许的？

在央视《开讲啦》节目里，董明珠讲到过这样一件事情：她曾经发现公司一名员工没来上班，便电话联系这名员工。最初员工说在陪客户吃饭，但董明珠觉得事有蹊跷，不断追问，最后这名员工终于说了实话，其实是自己父母生病了，他在没有请假的情况下擅自旷工去陪父母。

许多公司会认为，像这名员工的情况董明珠不应该从重发落，而事实令人惊异，董明珠免去了这名员工的职务。这件事也说明了董明珠有多么重视员工的守信问题，诚实守信是董明珠十分看重的，员工和领导之间是需要信任的，如果真的有事，就应该实话实说，不应该不请假就擅自离开岗位，这是不负责任的行为，而最终的后果也需要去勇敢承担。

同样，在管理过程中，领导者要学会把一些丑话说在前面，这叫作管理对方的期望。把一些可能出现的最坏结果提前告知对方后，对方就有了一定的心理预期，也就更容易接受不好的结果。

但如果领导者一直不好开口，把拒绝的话拖到最后一刻，那么对于对方来说，这就是一种惊吓了。

当然，在拒绝时也是有方法的，在说"No"的同时，要给出一些建议和方法，在为别人关上一扇门的同时，给别人指出一条路。比如，领导者可以对员工说："你这次犯了一个重大的错误，必须惩罚，但是我仍然对你抱有期望，希望下次不再犯类似的错误，希望你能从中得出教训，我非常愿意花时间帮助你成长。"

作为领导者，说"No"需要原则也需要勇气，它真正的价值是能够让你在有限的时间里专注于最重要的事情，先把一件事做到极致，以后才会有其他机会做其他尝试。所以，应当删除那些复杂管理和无用社交，极简化管理，专注于壮大你的公司。

看逻辑，别看情绪

一些刚刚走上领导岗位的人，常常在工作中有很大的个人情绪，面对较多工作任务和工作压力时，会对员工莫名其妙地指责发火，或在私下无止境地抱怨。

如果作为一名员工，你太过情绪化，危害还较小，但作为一名领导者，你的情绪就可能影响整个团队。当你带着情绪去工作时，你就只会我行我素，很难听进别人的意见，容易在决策中出现失误，同时，如果一个领导者总是带有个人情绪，那么在员工心目中，你的权威性也会下降。

领导如果十分情绪化，员工就会觉得你的抗压力差，无法很好地完成工作任务，领导力差，不是一个合格的领导者，而且，你也会感到深深的压力，会失去领导凝聚力。因为每次工作出现挑战时，需要去不断思索，理性地对待事物，这样你的情绪状态也会变好。

领导者们需要更加有逻辑，对事物的排序进行加工的过程其实就是逻辑，逻辑是十分规律的。根据逻辑判定一件事，可以做出比较理性的选择。情绪则不然，领导有了情绪，便会让他们的逻辑和思维变得混乱，从而会冲动地做出决定。

理性也就是逻辑，不会因情绪的变化受到一丝一毫的影响，遇到问题，不能只看表面，而是要透过表面看到本质，分析这个问题是如何出现的，并用适当的方法解决它，这也就是领导者应该拥有的能力。

在实际中，领导者会做出一些不经过思考的事，没有能够考虑到现实会出现的各种各样的情况和约束，此刻的决定是没有任何逻辑的，也是不理性的。

西方哲学大师斯宾诺莎说："理性是在正确认识全局的基础上采取适当的行动。"要想做出正确的决策，领导者要有独立思想和全局理性并能够包容不同的观点，但情绪化就意味着无法容纳与自己截然相反的观点。《崩溃》一书中也提到：检验一个人的智力是否上乘，就看他的头脑能否同时容纳两种截然相反的观点，并且无碍于处事。

要知道，领导者如果不控制情绪，问题就很难朝着建设性的方向走，发一通脾气很简单，但这不能改变任何问题。

同时，在遇到问题时，团队也不免出现一些消极的情绪，严重影响到工作。那么，应当怎样帮助自己和团队转变这种负面情绪呢？

领导者要识别团队的消极情绪，应该重点关注两个方面：第一，团队日常的行为变化。如果团队成员情绪消极，那么他们的日常行为一定会有所变化。比如上班时不再积极主动，常有人迟到早退，员工不愿意和领导者沟通，似乎都在躲避领导。以前办公室里常有欢声笑语，现在却死气沉沉，无人说话。如果团队发生了这些变化，领导者就要注意，这是团队产生了消极怠工的情绪。第二，关注消极情绪的特征行为。比如在开会时，员工突然变得沉默，这就是一种消极情绪的表现，面对问题不感兴趣，不愿意回应，甚至在遇到问题时总是抱怨和推脱。如果他们不愿意承担工作出现问题时的责任，那么，很可能是团队陷入了消极的情绪。

识别了这种不良情绪后，领导者不应压制他们的情绪，而要接受这种情绪变化。一开始员工不愿意面对组织转型或问题的发生，仍然用原来的方法工作，传染上鸵鸟心态，这时候绩效逐渐变差，接下来员工就会抵制工作。当然，这种情况不是不能转变。当员工发现自己陷入了负面循环，越消极绩效越差，挣得就越少时，他就会重新聚焦于工作，提升自己的组织绩效。这时，只要团队成员有一两个人能够重新恢复理性，保持积极正面情绪，那么其他员工也会受到影响，尽快度过这一阶段。

员工的情绪是可以被影响和调整的，但需要领导者及时关注，并和员工保持及时真诚的沟通。无论是外部组织问题还是员工个人问题产生的情绪问题，领导者都要及时了解。在沟通时，领导者要率先表现出真诚的态度，不要让员工产生误解，然后让员工从关注"过去"转移到关注未来的目标。领导者应该引导团队接受现状，并告诉他们，只要努力实现团队的新目标，就能改善现在的情况。让团队把关注点转向积极的方面，才能让员工从情绪旋涡中走出来。

情绪状况尤为重要，尤其是领导者的情绪变化可能会影响下面的员工甚至整个团队的情绪。作为领导者，情绪不佳的时候，首先自己要让情绪平稳，不急躁、暴怒。这样的情绪状态再传递给下面的员工，就能够使整个团队保持平心静气的情绪态度。

因此，作为领导者，要掌握一定的团队情绪管理技巧。让逻辑理性主导工作，而非让情绪干扰工作，这样才能在组织变化中抓住机会，带领团队和企业一起成长。